农机社会化服务
对要素配置的影响研究

NONGJI SHEHUIHUA FUWU
DUI YAOSU PEIZHI DE YINGXIANG YANJIU

艾 娟 陈昭玖 著

中国农业出版社
北 京

　　本专著出版得到国家自然科学基金项目《农业生产性服务决策行为、外溢效应及机制设计——以江西为例》（项目编号：72163014）、江西农业大学农林经济管理一流优势专业建设项目、江西省高校人文社科重点研究基地——江西农业大学"三农"问题研究中心的共同资助，一并感谢！

农户生产要素的配置不仅影响农民收入，而且关乎整个社会经济的发展，如何优化农户生产要素配置显得尤为重要，本书的农户生产要素配置包括三个维度：农村劳动力转移、土地转入、农业资本投入。农业机械化能促进劳动力转移和土地流转，促进农户生产要素配置更加合理，农民实现农业机械化有两种形式，投资购买农机和采纳农机社会化服务，由于农户资金约束、农机的投资锁定与沉没成本，我国很多农户选择购买农机服务。党的二十大报告提出发展农业社会化服务，加快建设农业强国，全面推进乡村振兴，到 2035 年，基本实现城镇化、农业现代化。近年来，国内外学者对农机社会化服务和要素配置分别展开了大量研究，但将两者置于同一框架内进行分析的不多。

因此，本书基于分工理论、农户行为理论、生产要素理论、诱致性技术创新理论，构建"服务采纳—替代效应—要素配置"的分析框架，采用 734 份江西水稻种植户微观调查数据，运用 OLS、Probit、Tobit、IV-Probit、IV-Tobit、两阶段最小二乘法、工具变量法、倾向得分匹配法、中介效应模型等计量方法，研究农机社会化服务对农户生产要素配置的影响，主要研究农机社会化服务采纳行为与采纳程度对农村劳动力转移、土地转入、农业资本投入的影响，得出如下研究结论。

1. 农机社会化服务采纳行为及采纳程度对非农就业与兼业具有显著正向影响。通过替换自变量、因变量、估计方法进行稳健性检验，农机社会化服务对非农就业与兼业的影响和基准回归结果保持一致。用工具变量法解决核心自变量与因变量互为因果的内生性问题，用倾向得分匹配法解决样本自选择问题，发现结果与基准回归结果一致。分析农机社会化服务对非农就业的影响机制时，发现农机社会化服务采纳行为及采纳程度对每亩土地的劳动力投入具有负向显著影响，这显示了农机社会化服务的替代效应。同时中介效应分析表明，农机社会化服务采纳行为及采纳程度通过减少每亩土地的劳动力投入来促进非农就业。异质性分析表明，赣北、赣中、赣南地区存在异质性，按家庭是否有党员为标准进行分组，发现两组样本与总体样本，存在一定异质性。

2. 农机社会化服务采纳行为及采纳程度对土地转入行为与土地转入规模均呈显著正向影响。通过替换自变量、因变量、估计方法进行稳健性检验，用工具变量法解决内生性问题，都发现结果与基准回归结果一致。分析农机社会化服务对土地转入规模的影响机制时，发现农机社会化服务采纳行为及采纳程度通过减少每亩土地的劳动力投入来促进土地转入，扩大规模经营。异质性分析表明，赣北、赣中、赣南地区存在异质性，将年龄、受教育程度、劳动力数量、经营规模都按均值来分组，发现农机社会化服务采纳行为及采纳程度对土地转入行为与土地转入规模均存在异质性，按家庭是否有党员为标准进行分组，发现两组样本与总体样本，存在一定异质性。

3. 农机社会化服务采纳程度对亩均农业机械投入和亩均种子农药化肥投入均呈显著负向影响。通过替换自变量、因变量、估计方法进行稳健性检验，结果和基准回归结果保持一致。用工具变量法解决核心自变量与因变量互为因果的内生性问题，两阶段最小二乘法显示，农机社会化服务采纳程度负向显著影响亩均农机投入费用，发现结果与基准回归结果一致。异质性分析表明，将种子农药化肥费用细化，农机社会化服务采纳程度对亩均种子费用、亩均农药费用的影响均为负向显著，农机社会化服务采纳程度对亩均化肥费用的影响呈正向影响但不显著，说明农机社会化服务采纳程度对种子农药化肥费用投入具有异质性；按地理位置将江西省分为赣北、赣中、赣南，赣北呈负向显著影响，赣中、赣南均呈负向影响但不显著，说明区域存在异质性；按家庭是否有党员分组，也存在异质性。

4. 我国农机社会化服务工作有待进一步推进。734 份江西水稻种植户微观调查数据显示：农机社会化服务采纳情况，585 户采纳了农机社会化服务，占比 79.70%，未采纳任何环节农机社会化服务的农户数为 149 户，占比 20.30%。农机社会化服务采纳程度平均值为 0.20，说明江西省农机社会化服务采纳程度偏低，农机社会化服务还有很大发展空间。非农就业与兼业情况，有 101 户没有非农就业人员，占比 13.76%，从兼业来看，有 245 户没有兼业人员，占比 33.38%，非农就业与兼业均值分别为 0.61、

0.27，说明劳动力转移和兼业仍有很大潜力。土地转入情况，未转入土地农户数262户，占比35.69%，土地转入行为均值为0.61，土地转入率均值为0.42，说明土地转入速度偏慢，土地流转空间巨大。农业资本投入方面，购买农业机械农户占比42.37%，未购买农业机械农户占比57.63%，说明大部分农户未购买农业机械，亩均农业机械费用为458.41元，亩均种子、农药、化肥总体费用均值为363.14元，将其分成种子费用、农药费用、化肥费用，均值分别为116.37元、96.39元、150.38元。

基于以上研究结论，本书提出如下政策建议：

一是推进农业生产过程全部环节采纳农机社会化服务。鼓励农户采纳无人机打药服务、机械直播服务、机械育秧服务和烘干服务。二是建立农机社会化服务信息平台。推广农事综合服务中心，建立相应的网络平台，连接农机服务的供给与需求，推动农机服务的数字化和智慧农业发展。三是研发适合山区丘陵地形的中小型农机具。应根据不同地区资源禀赋差异，研发相应的农机具，平原居多的地区可以使用大型农机具，山区则适合中小型农机具。四是推进农机服务发展，促进劳动力转移和土地转入，助力城镇化目标的实现，实现土地规模经营与服务规模经营相结合。五是提高农机服务水平，合理配置农业资本投入，发挥农机服务的经济效益和生态效应。

目 录 ///////
CONTENTS

1 | 绪　　论

1.1　研究背景

改革开放 40 多年以来，大量农村劳动力从农业转向工业与服务业，农业劳动力数量从 1991 年至 2020 年，累计减少了近 1.65 亿农业劳动力，提高了农业劳动生产率，促进了城镇化和工业化进程（黄季焜，2022）。1978 年开始实施的农村家庭联产承包责任制极大地释放了农村劳动力的活力（Lin，1992；Huang & Rozelle，1996），有效激发了农户农业生产投资的积极性（胡新艳等，2020），2013 年开始实施的农村土地确权政策促进了产权稳定性，提高了土地流转速度和农户生产要素配置效率（李宁等，2017）。尽管改革开放促进了农业劳动力向非农产业的大规模转移，农业劳动力比重显著降低，但农业劳动力转移潜力并未耗尽（蔡昉，2018），农地确权政策的实施促进了土地流转，但土地流转速度落后于农村劳动力转移速度。我国农村劳动力、土地、资本生产要素配置需要更加完善。

党的二十大报告提出，全面推进乡村振兴，加快建设农业强国，到 2035 年，我国要基本实现新型工业化、信息化、城镇化、农业现代化。要推进乡村振兴，实现农业农村现代化需要高度重视农业生产要素配置（钟真等，2020）。优化农业生产要素配置能提高农业生产效率（黄毅祥等，2023），促进农民增收、实现共同富裕（陈斌开等，2020）。农户要素配置决策受内在资源禀赋与外部环境因素的共同影响。内部资源禀赋主要包括劳动力、资金和土地要素（胡新艳等，2018）。农业生产资源配置和利用效率，是经济发展的关键问题，它取决于劳动力和土地的合理配置（钟甫宁，2021）。农业要素结构变迁中，农业劳动力转移速率、农用地面积变化率和农业资本投入增长速率，对要素配置影响较大（罗浩轩，2017），劳动力、土地和资本等生产要素的错配会严重制约农业经营方式的转型升级（吴佳璇等，2022）。农村劳动力、土地、资本等要素的过度流失加速了农村的衰落，农业和农村面临内生发展的风险（李云新、杨磊，2014），Schultz（1964）认为，改造传统农业的关键在于引入现代生产要素，现代生产要素的投入会打破原有传统要素的均衡，改变要素投入结构与要素配置效率。

农业社会化服务就是现代生产要素之一，可以改造传统农业。农机社会化服务是农业社会化服务或农业生产性服务的重要内容，能助推农业机械化的发展，它是小农户与现代农业有机衔接的重要途径（张宗毅、杜志雄，2018；芦千文、吕之望，2019），农机社会化服务能促进粮食安全和农业收入（Mottaleb et al.，2017）。第三次农业普查数据显示，我国小农户占比超过98%，小农户经营耕地面积占总耕地面积的70%。小农户大量并长期存在，是农业经营的重要主体。"大国小农"是我国基本国情农情，小农户融入现代农业发展的关键是农业社会化服务（姜长云，2020；罗必良，2020；罗必良等，2021），农业社会化服务通过要素补充或替代作用能促进小农户生产效率和家庭收入的提升（张哲晰等，2023）。目前，我国有2.6亿农户，其中2.3亿是承包户（罗必良，2020），而且随着城镇化及市民化的推进，农村很多青壮年劳动力外出打工，留在家里的多是老人、小孩，粮食安全问题显得非常重要。目前传统农业效率低下，农户兼业化、弱质化特点明显，农业发展趋势必然是现代农业。

农机社会化服务的采纳对农户生产要素配置产生重要影响。Hayami & Ruttan（1985）的诱致性技术创新理论认为：资源稀缺性会引起要素相对价格发生变化，微观生产主体会寻求廉价的相对丰富要素对昂贵的稀缺要素的替代。在劳动力成本不断上升的状况下，农户可以采纳农机社会化服务，用服务替代劳动力，将可能造成家庭劳动力过剩，剩余劳动力将转移到城市务工或在本地兼业从事非农工作；由于采纳农机社会化服务，服务替代劳动力，节省了劳动力的使用，农户将有时间和精力去转入土地，扩大经营规模；采纳农机社会化服务的家庭，可能不会增加自家农业机械的购买，因为农业机械作为专用性资产投资，使用频率低下，容易产生投资锁定与沉淀成本，农机资产达不到最优利用状态。这会促使农户购买农机服务替代购买农机，从而规避投资风险（Sims & Kienzle，2016；张露、罗必良，2018），采纳农机社会化服务的家庭，也可能减少种子农药化肥的使用量。

2016—2023年，每年中央1号文件都强调要发展农业生产性服务或农业社会化服务。2017年8月农业部、发改委、财政部联合下发的《关于加快发展农业生产性服务业的指导意见》指出，加快培育面向广大农户的农业生产性服务组织，是促进农业增效和农民增收的有效手段。2021年7月7日发布

《农业农村部关于加快发展农业社会化服务的指导意见》，提出发展农业社会化服务，是实现小农户和现代农业有机衔接的基本机制。2022 年中央 1 号文件提出，聚焦关键薄弱环节和小农户，加快发展农业社会化服务。2023 年中央 1 号文件提出，大力发展社会化服务，发展农业适度规模经营。党的二十大报告提出，全面建设社会主义现代化国家，最艰巨最繁重的任务仍然在农村，全面推进乡村振兴，发展新型农业经营主体和社会化服务。

怎样积极推动农机社会化服务的发展，许多学者作了探索性研究，卓有成效。关于农机社会化服务对劳动力、土地、资本这三个传统要素影响的研究成果有一部分，但分析不够深入，而且学者们观点不一致。本书将采用江西省水稻种植户的微观调查数据分析以下问题：农户采纳农机社会化服务对劳动力转移、土地转入、农业资本投入的影响分别是怎样的？是促进还是抑制？影响机制又是怎样？我们认为，这些问题的准确回答，可以帮助我们找到农业生产要素合理配置的方法。

鉴于此，本书聚焦农户生产要素配置，以农机社会化服务为出发点，以要素替代为突破点，以要素配置为落脚点，构建"服务采纳—替代效应—要素配置"的理论分析框架，揭示农机社会化服务对农村劳动力、土地、资本要素配置的影响机制；并基于江西省 30 个县（市、区）734 户水稻种植农户 2021 年的抽样调查数据，实证分析农机社会化服务对农村劳动力、土地、资本要素配置的影响机制，以期为政府科学制定农机社会化服务扶持政策提供决策参考。

1.2 研究目的与研究意义

1.2.1 研究目的

农机社会化服务能促进农业发展，推进乡村振兴；农机社会化服务是农产品生产过程中采纳农业机械服务，它是农业强国建设的重要环节；农机社会化服务是农业社会化服务中的重要内容，它能改造传统农业，促进农业现代化的实现，本研究基于乡村振兴战略实施、农业强国建设、农业现代化实现目标的背景，构建"服务采纳—替代效应—要素配置"的分析框架，考察农机社会化服务对要素配置的影响，具体来说，本书重点探究农机社会化服务对农户劳动力转移、土地转入、农业资本投入的影响，尤其是分析其中的影响机制，得出研究结论并提出政策建议，具体研究目的如下。

（1）通过明确农机社会化服务和要素配置的概念，基于分工理论、农户行为理论、生产要素理论、诱致性技术创新理论，从要素配置的三个维度：劳动力、土地和资本，深入剖析农机社会化服务采纳对农户家庭劳动力转移、土地转入、农业资本投入影响的作用机制，为深化农机社会化服务对要素配置的影响机制的研究提供新的理论支撑。

（2）通过实证分析农机社会化服务采纳对农户家庭劳动力转移的影响，解析农机社会化服务对劳动力要素配置的作用；通过实证分析农机社会化服务采纳对土地转入的影响，解析农机社会化服务对土地要素配置的作用；通过实证分析农机社会化服务对农业资本投入的影响，解析农机社会化服务对资本要素配置的作用。

（3）根据农机社会化服务对要素配置的影响机制，结合农机社会化服务采纳对劳动力转移、土地转入、农业资本投入影响的实证分析，得出研究结论，围绕推进农机社会化服务发展、促进农户生产要素合理配置的主题，提出对策建议，以期为政府制定相关政策提供一定参考和借鉴。

1.2.2　研究意义

农户生产要素的合理配置，不仅能提高农业生产效率，促进农民增收，还能推动农业高质量发展，目前农村劳动力转移尚有潜力，土地流转仍不充分，农业资本投入效果不理想，在促进农业现代化实现、推进乡村振兴和农业强国建设的目标下，积极推动农机社会化服务的采纳，促进农户要素更加合理地配置具有重要的理论和现实意义。

1.2.2.1　理论意义

（1）**丰富农机社会化服务和农户生产要素配置相关理论。**农机社会化服务能促进小农户与现代农业的有机衔接，近年来是学者关注的热点，目前研究成果主要集中在农机社会化服务的动因、农机社会化服务采纳的影响因素、农机社会化服务的绩效等方面。目前农户生产要素配置的研究成果主要集中在要素配置的作用、衡量指标等方面。本书首先进行文献综述，厘清农机社会化服务、农业生产环节外包、农业生产托管、农业社会化服务、农业生产性服务等概念之间的关系，然后根据分工理论、农户行为理论、生产要素理论、诱致性技术创新理论，提出本书的理论分析框架。

（2）**厘清农机社会化服务影响要素配置的理论逻辑。**农机社会化服务如何影响劳动力转移、土地转入、农业资本投入，本书构建"服务采纳—替代效应—要素配置"的理论分析框架，明晰了农机社会化服务影响要素配置的机制，丰富了农机社会化服务影响要素配置的研究成果。

1.2.2.2 现实意义

（1）为合理配置农户生产要素找到合适途径。提高农业效率，实现农民增收，都依赖农户生产要素的合理配置，农户务农人数比例、非农就业比例、兼业比例、适度经营规模、农业机械投入、种子农药化肥投入都影响生产要素的配置。农机社会化服务能促进小农与现代农业的有机衔接，能促进农户传统生产要素的合理配置。

（2）能为推进农机社会化服务发展提供决策参考。本书以江西水稻主产区为研究区域，分析农机社会化服务对要素配置的影响机制，分析农户采纳农机社会化服务是如何影响农户家庭劳动力转移、土地转入、资本投入，实现农民增收和提高农业效率，期望能为政府推进农机社会化服务发展提供决策参考。

1.3 研究思路与研究内容

1.3.1 研究思路

党的二十大报告提出发展农业社会化服务，加快建设农业强国，全面推进乡村振兴，实现农业现代化。农机社会化服务作为农业社会化服务非常重要的组成部分，如何促进农业现代化的实现，如何助推乡村振兴和农业强国建设，是个值得研究的课题，本书梳理了农机社会化服务相关文献，发现农机社会化服务是否能促进劳动力转移到城市还是农内转移，学者们观点不一致，发现农机社会化服务对土地资源配置影响研究，到底是促进转入还是转出？很多学者从不同角度研究，结论不一致，发现农机社会化服务对农业资本投入影响研究主要是对农业机械投入的研究和化肥减量的研究，对农药及种子投入研究较少，综合上面这些问题，本书提出研究问题：农机社会化服务对要素配置影响的研究。具体研究思路如下（图1-1）：

首先，提出本书的研究背景和研究问题，明确本书的研究目的和研究意义，进而确定本书研究内容和研究方法。

其次，基于分工理论、农户行为理论、生产要素理论、诱致性技术创新理论，探究农机社会化服务采纳行为及采纳程度影响要素配置的机制。本书构建"服务采纳—替代效应—要素配置"的基本框架或思路展开具体研究，即研究以下三个内容：农机社会化服务对农村劳动力转移的影响，农机社会化服务对土地转入的影响，农机社会化服务对农业资本投入的影响。

最后，基于江西省水稻种植户微观数据，验证研究假说，采用OLS、IV-

Tobit、2SLS、工具变量法、倾向得分匹配法等计量方法，并做稳健性检验和异质性分析，得出研究结论，提出对策建议，并总结本书需要进一步完善的方面，探讨以后研究的拓展。

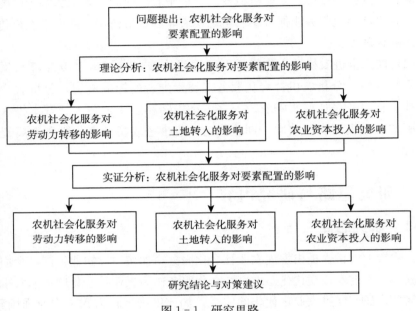

图 1-1　研究思路

1.3.2　研究内容

本书基于分工理论、农户行为理论、生产要素理论、诱致性技术创新理论，提出"服务采纳—替代效应—要素配置"的分析框架，采用江西水稻种植户微观调查数据，运用 OLS、Probit、Tobit、IV-Probit、IV-Tobit、两阶段最小二乘法、工具变量法、倾向得分匹配法、中介效应模型等计量方法，研究农机社会化服务对要素配置的影响，具体研究内容如下。

第一章，绪论。本章首先阐述研究背景，提出研究问题，然后，具体阐明研究意义、研究目的、研究内容与研究方法，并对可能存在的创新点进行简述。

第二章，文献综述。本章主要是回顾与本研究主题相关的国内外文献，首先，梳理农机社会化服务的相关研究，包括农机社会化服务的动因、农机社会化服务的影响因素、农机社会化服务的绩效；其次，回顾要素配置的相关研究，主要是要素配置的作用、要素配置的衡量指标、农村劳动力转移、土地流转、农业资本投入相关研究；再次，综述农机社会化服务对劳动力转移、土地流转、农业资本投入的相关研究；最后，提出文献述评。

第三章，概念界定与理论基础。本章首先对农机社会化服务、要素配置的概念进行了界定，然后提出本书的理论基础：分工理论、农户行为理论、生产要素理论、诱致性技术创新理论，最后进行理论分析。

第四章，数据来源与样本描述。本章主要是对本研究的数据来源进行简单的说明，将本研究要运用的所有变量进行详细的描述性统计分析，对农户的农机社会化服务采纳情况、劳动力转移、土地转入、农业资本投入的特征进行全面把握。

第五章，农机社会化服务对劳动力转移的影响分析。本章提出在城镇化率需要提高的背景下，劳动力转移还有潜力，如何促进非农就业和兼业，可以发挥农机社会化服务的作用，通过农机社会化服务的分工效应、收入效应、技术效应、替代效应分析，发现农机社会化服务可以节省劳动力，促进非农就业和兼业。

第六章，农机社会化服务对土地转入的影响分析。本章提出在土地资源合理配置目标下，如何发挥农机社会化服务的作用，由于采纳农机服务的农户转出土地较少，所以本章主要研究农机社会化服务对土地转入的影响，主要分析农机服务的替代效应，通过减少每亩*土地的农业劳动力投入，促进土地转入，扩大经营规模。

第七章，农机社会化服务对农业资本投入的影响分析。本章提出农机社会化服务的替代效应会促进农户减少农业机械的投资，农机社会化服务供给的规模效应可以降低每亩土地的种子、农药、化肥的投入总费用。

第八章，研究结论与政策建议。本章首先总结全书研究结论，然后根据研究结论和实地调研具体情况，提出进一步推进农机社会化服务促进要素配置的相关政策建议，并提出了本书研究不足及今后进一步研究的方向。

1.4 研究方法与技术路线

1.4.1 研究方法

1.4.1.1 文献研究法

本书首先根据研究背景确定了研究大方向农机社会化服务，然后查阅关于

---

　* 亩为非法定计量单位，1亩＝1/15公顷。——编者注

农机社会化服务的核心期刊及以上论文或博士论文，归纳对比总结，发现有一部分农机社会化服务对劳动力转移、非农就业、兼业等劳动力资源配置影响方面的研究，学者们观点有分歧，同时发现有大量农机社会化服务对土地流转方面的研究，但到底是促进土地转入还是转出，学者们有不同观点，发现有一部分农机社会化服务对农业资本投入影响的研究，大多是研究农业资本中的农业机械和化肥。考虑到劳动力、土地、资本都是农业传统生产要素，所以本书书名拟定为《农机社会化服务对要素配置影响的研究》。本书的文献综述、概念界定及理论基础、实证研究中的问题提出及理论分析与研究假说都是建立在大量文献阅读基础上归纳总结的。

1.4.1.2 统计分析法

本书第四章做了大量的统计分析，统计分析内容主要是第五章、第六章、第七章中所涉及的核心自变量、因变量、控制变量。核心自变量主要是农机社会化服务采纳行为及采纳程度，因变量包括非农就业、兼业、土地转入、农业资本投入，控制变量包括决策者个体特征（性别、年龄、受教育程度、健康状况、风险偏好）、家庭特征（家中是否有党员、劳动力数量、水稻种植面积、水稻种植年限）、村庄特征（是否为城郊村、地形、交通便利程度），本书第四章对以上所有变量做了具体的描述性统计分析，主要是分段统计数量及占比，第五章、第六章、第七章都有描述性统计分析，主要是每章实证分析中涉及变量的定义、均值和标准差等，第四章的数据统计分析为后面的实证分析做好准备工作。

1.4.1.3 计量分析法

本书的计量分析主要在第五章、第六章、第七章，第五章研究农机社会化服务对非农就业与兼业的影响，非农就业与兼业分别用非农就业比例和兼业比例衡量，它们的值均在 0~1，所以首先用 OLS 做基准回归，考虑到农机社会化服务对非农就业与兼业是互为因果关系，采用了工具变量法、2SLS，更新估计方法时考虑到非农就业比例和兼业比例属于受限因变量，采用了 IV-Tobit 方法，研究农机社会化服务对非农就业影响机制时，采用中介效应模型。第六章研究农机社会化服务对土地转入的影响，土地转入用土地转入行为和土地转入规模来衡量，土地转入行为用 1 和 0 表示，1 指有土地转入，0 指没有土地转入。研究农机社会化服务对土地转入行为的影响，本书采用 Probit 模型做基准回归，考虑到它们是双向因果关系，后面又使用 IV-Probit 模型重新估计，发现基准结果非常稳健，研究农机社会化服务对土地转入规模的影响，本书采用 OLS 模型做基准回归，考虑到它们是双向因果关系，后面又使用 2SLS 模型、工具变量法重新估计，发现基准结果依然稳健，研究农机社会化服务对土地转入影响机制时，采用了中介效应模型。第七章研究农机社会化服务对农业资本投入的影响，农业资本投入用亩均农业机械费用和亩均种子农药化肥费用来衡量，首先用 OLS 做基准回归，然后在研究农机社会化服务对农业机械投入影响时，因为农机社会化服务与农业机械投入互为因果，所以运用 2SLS 模型、工具变量法重新估计，发现研究结果和基准回归结果基本保持一致。同时，第五章、第六章、第七章都做了详细的稳健性检验，解决内生性问题，进行了异质性分析。

1.4.2　技术路线

具体技术路线图如下（图 1-2）。

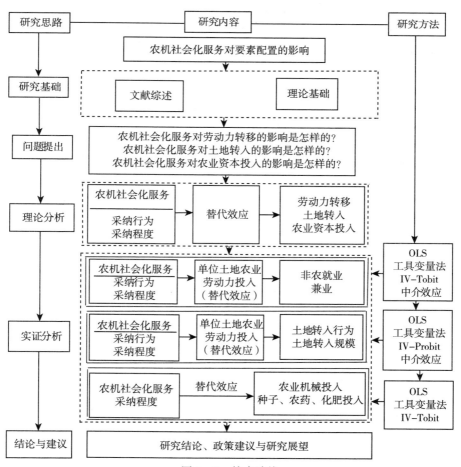

图 1-2　技术路线

1.5　研究的创新点

（1）**研究思路上具有一定的创新性。**本书提出了"服务采纳—替代效应—要素配置"的理论分析框架，在理论层面和实证层面都贯穿了"服务采纳—替代效应—要素配置"分析主线，较为系统与深入地研究了农机社会化服务对农户生产要素配置的影响，重点关注农机社会化服务对农村劳动力转移的影响、农机社会化服务对土地转入的影响、农机社会化服务对农业资本投入的影响。

（2）**研究内容上具有一定的创新性。**目前关于农机社会化服务与农业资本投入的研究还较少，本书将农业资本投入分成农业机械投入与种子、农药、化肥投入两个方面，农业机械投入是固定投入，种子、农药、化肥投入是非固定投入，在研究农机社会化服务对农业机械投入影响时，关注替代效应，研究农机社会化服务对种子、农药、化肥投入影响时，关注总体效应及异质性分析。

2 | 文献综述

　　本章首先聚焦以下几个方面梳理农机社会化服务与要素配置的研究文献：农机社会化服务、要素配置、农机社会化服务与要素配置、农机社会化服务与劳动力转移、农机社会化服务与土地流转、农机社会化服务与农业资本投入。最后进行文献述评。

2.1　农机社会化服务的相关研究

　　目前国内广义的农机社会化服务包括农业社会化服务、农业生产性服务、农业生产环节外包、农业生产托管方面采纳的农业机械服务。纵观国内关于农业社会化服务、农业生产性服务的研究，基本都涵盖了农机社会化服务，甚至很多时候主要内容是农机社会化服务，国内农业生产环节外包一般是指产中环节是否采纳了农业机械服务，农业生产托管主要指农业生产环节的一个或多个环节交给新型经营主体，很多时候是采纳机械服务，所以本书在进行文献综述时，农机社会化服务方面的研究涵盖以下主题的研究：农业社会化服务、农业生产性服务、农业生产环节外包、农业生产托管等形式采纳的农业机械服务研究；农机社会化服务研究；农机作业服务研究；农业机械服务的研究，关于农机社会化服务的文献回顾主要从以下三个方面展开：农机社会化服务动因、农机社会化服务决策行为影响因素、农机社会化服务的绩效。

2.1.1　农机社会化服务的动因

　　农业生产性服务和农业社会化服务是因农业分工而产生的（姜长云，2016；罗必良，2017），本质上是专业分工（龚道广，2000）。农机社会化服务是农业生产性服务和农业社会化服务范畴的农机作业服务。农业分工有横向分工和纵向分工，横向分工一般指农作物品种分类种植，纵向分工是指将农业生产分为若干个生产环节（何一鸣等，2020），水稻种植一般有整地、播种、育秧、栽插、灌溉、施肥、打药、收割等环节（陈昭玖、胡雯，2016a），不同环节在生产操作上可分，在技术上相互独立（盛洪，1994），如果将农业生产各环节看作中间产品，那么生产主体专业化程度的加深会促进外包服务的发展，深化农业生产的迂回程度（江雪萍，2014），农户生产环节外包是农业生产环节内部的专业化分工（刘家成等，2019），具有典型的纵向分工特征（罗必良，2017），罗明忠等（2019）从土地经营权细分角度阐述农业分工催生农业社会化服务的机理，认为经营权细分与交易促进农业生产环节的分工，这些环节外包服务由其他经营主体提供，由此衍生专业化服务市场，因此得出农业生产环节的可分离性促进农业社会化服务市场形成的观点，蔡键、刘文勇（2017）认为人工相对机械的成本越来越高，诱发了农户对农业机械化的需求，小农户无力承担农机购置成本，农机服务应运而生。也有部分学者认为农业分工与农机社会化服务相互影响。张露和罗必良（2018）认为生产环节纵向分工促成农机跨区作业服务的产生，农机作业服务又深化农业分工，降低交易费用。李宪翔等（2021）认为专业化分工能促进服务规模经营的产生，同时农机社会化服务能拓展专业化分工横向和纵向的空间，机械替代劳动是农业专业化纵向分工最直接的体现。其他学者如 Dixit & Stiglitz（1977）、Krugman（1979）、Yang & Shi（1992）和 Lio（1998）也有类似观点，他们认为增加生产环节的迂回程度和提高生产的专业化程度能促进生产的规模经济性。

由于农机的资产专用性和投资锁定成本，一些农户倾向于购买农机社会化服务（罗必良，2017）。毛泽东曾说过：农业的根本出路是农业机械化。农业机械极大提高了农业生产效率，节省了劳动时间，在农业生产中发挥了非常积极的作用，但我国人多地少，有 2.6 亿农户，其中 2.3 亿是承包户，小农户仍然是农业生产的主体，有些小农户没有足够的经济能力购买农业机械，农业机械服务应运而生。舒尔茨在《改造传统农业》中阐述观点：改造传统农业的关键在于引入现代生产要素。很多学者认为，农机社会化服务就是现代生产要素之一，农机社会化服务其实就是供给者提供农业机械服务，需求者购买农业机械服务。

2.1.2 农机社会化服务决策行为的影响因素

农民为什么会采纳农机社会化服务，根本原因是利益最大化的考虑。不管是恰亚诺夫家庭效用最大化、生产风险最小化的观点，还是舒尔茨"贫穷但有效率"的假说，都阐述了农业生产成本最小化、利益最大化的追求。国内学者董欢和郭晓鸣（2014）也赞同这个观点，认为传统农业引进农机作业服务决定因素是家庭效用最大化。

绝大部分学者从户主或决策者个人特征、家庭特征、村庄特征来分析农机社会化服务采纳行为的影响因素。

个人特征，显著影响因素主要包括户主或决策者年龄和身体状况。关于户主或决策者年龄，观点不一。部分学者研究发现，户主或决策者年龄正向显著影响农机社会化服务采纳，原因是户主或决策者年龄越大，体力体质越弱，越倾向于选择农机服务（应瑞瑶、徐斌，2014；申红芳等，2015；纪月清等，2016；杨思雨、蔡海龙，2020；Ai et al.，2023），部分学者认为户主或决策者年龄显著负向影响农户选择采纳农机社会化服务，原因可能是户主或决策者年龄越大，接受新鲜事物能力越弱，不放心农机服务质量，选择自己操作，也可能是户主或决策者年龄越大，劳动经验更丰富倾向于自己作业（蔡荣、蔡书凯，2014；宋海英、姜长云，2015；胡雯等，2016）。陆岐楠等（2017）却认为老龄化对外包的影响具有环节异质性，根据环节劳动强度选择是否外包，低强度环节不外包，高强度环节外包。关于户主或决策者身体状况，研究结果截然相反。宋海英、姜长云（2015）认为户主或决策者身体越健康，选择农机服务的概率越大；应瑞瑶和徐斌（2014）及陆岐楠等（2017）认为户主或决策者身体状况越差，越容易选择外包或病虫害统防统治。

家庭特征，显著影响因素主要包括农业劳动力数量和种植面积。关于农业劳动力数量，观点不一。绝大部分学者认为务农劳动力越多，选择外包或病虫害统防统治可能性越低，原因是外包或病虫害统防统治可以替代劳动力（蔡荣、蔡书凯，2014；应瑞瑶、徐斌，2014；申红芳等，2015；曾雅婷等，2017），Ai et al.（2023）却发现农业劳动力数量越多，采纳农业生产性服务可能性越高，可能是农业劳动力数量多的家庭，以农业为主，为提高农业生产效率，选择采纳农业生产性服务。关于种植面积，学者观点不一。蔡荣、蔡书凯（2014）认为水稻种植面积对整地、病虫防治和收获环节都有显著正向影响，可能因为劳动力满足不了种植规模需求，选择农机服务代替。宋海英、姜长云（2015）发现小麦种植面积越大，小麦种植户在播种环节选择农机社会化服务的概率越低，原因可能是农户家庭拥有农机；胡雯等（2019）、曾雅婷等（2017）发现种植面积与生产环节外包或农机社会化服务具有倒"U"形关系，胡雯等（2019）认为当种植规模在100亩左右，农户选择购买农机，100亩以下的小农户则选择购买农机服务。

村庄特征，主要包括农业合作组织、水稻合作社、家庭离镇政府距离、村庄地形、村庄交通、村庄经济。一些学者研究得出如下结论：农业合作组织能促进部分生产环节外包行为（蔡荣、蔡书凯，2014），家庭离镇政府的距离显著负向影响农机社会化服务采纳，距离越近，采纳农机社会化服务可能性更大（宋海英、姜长云，2015；陈昭玖、胡雯，2016a）。

其他方面。关于外包价格，申红芳等（2015）基于需求价格理论和7省水稻生产环节外包数据，得出外包价格在整地、移栽、收割环节显著负向影响外包行为，而在其他环节影响不大的观点，宋海英、姜长云（2015）基于10个省份小麦种植数据，研究发现，服务价格在总体上和在播种收割环节上均负向显著影响小麦种植户的农机社会化服务选择，服务价格越高，采纳农机社会化服务概率越低。还有一些其他影响因素，如农机购置补贴促进小农户的农机社会化服务可得性和服务规模经营（刘进等，2023）。特殊信任也会影响农户是否选择生产环节外包，相比外包商或外包组织，有些农户由于对家人更加信任倾向于选择家庭经营方式（谢琳等，2020），市场容量能促进农户农机服务外包行为的采纳（苏柯雨等，2020），使用互联网能够提高规模户采纳技术密集型农机社会化服务的概率，风险偏好在互联网和技术密集型农机社会化服务行为间起正向调节作用（唐文苏等，2022），农地确权通过农地经营权的细分，降低了纵向分工的交易费用，促进了农户对农业机械外包方式的选择（李宁等，2019），耕地细碎化抑制农机社会化服务的采纳（纪月清等，2016）。

大部分学者采用二元Logistic分析农机社会化服务采纳行为的影响因素，也有少部分学者在此基础上采用ISM对这些影响因素进一步深入分析，将影响因素分为表层直接因素，中层间接因素，深层根源因素（张利国、吴芝花，2019；Ai et al.，2023）。

2.1.3　农机社会化服务的绩效

农机社会化服务能解决谁来种地、如何种地问题，它可以节省劳动力（Hayami & Ruttan，1971；Lin，1991），降低生产成本、提高农业效率（Binam et al.，2004；Pingali，2007；Alwarritzi et al.，2015；Gao et al.，2021），抑制耕地撂荒（胡霞等，2022），促进粮食增产，农民增收，不仅有很强的经济效益，同时具有良好的生态效应。

2.1.3.1　经济效益

农机社会化服务或外包能够减少粮食收获损失，提高粮食产量（Qu et al.，2020）。农机社会化服务尤其是农业机械施肥服务显著提高粮食单产（卢华等，2023），农业生产性服务促进水稻产量增加，其中整地和灌溉环节促进水稻单产（王玉斌、李乾，2019），Sun et al.（2018）同样以水稻生产为例，研究发现打药环节外包能显著提高水稻单产。也有学者有不同观点，如董欢和郭晓鸣（2014）认为农机社会化服务没有促进农业单产的提高。

绝大部分学者认为采纳农机社会化服务总体上促进农户农业劳动生产率（廖文梅等，2020）、粮食生产技术效率和农业生产力（Deng et al.，2020），但具有环节异质性，杨思雨和李伟（2023）认为在整地、播种、灌溉和收割环节上劳动生产率分别提高21.2%、17.4%、22.9%和18.3%，而在植保环节上并不具有显著影响，宦梅丽等（2022）发现耕地环节为显著正向效应，收获环节为显著负向效应，播种环节影响不显著；张忠军和易中懿（2015）认为育秧、打药环节对水稻生产率具有显著正向影响，整地、移栽、收割环节没有产生显著影响。农机服务或外包服务不仅对玉米生产技术效率具有正向显著影响，影响净效应为11.2%～11.6%（杨思雨、蔡海龙，2021），而且能显著提高小麦生产的技术效率（朱丽娟、顾冬冬，2021），提升小麦生产技术效率具有经营规模的门限效应，当经营规模大于0.293公顷时，具有显著影响效应（杨思雨等，2022），深入分析，发现提升小麦生产技术效率的根本动因是农机服务的技术引入效应、劳动替代效应（胡祎、张正河，2018；赵鑫等，2020）及分工经济（赵鑫等，2020），其中劳动替代效应与Qing et al.（2019）的研究结论类似。农业社会化服务整体上显著促进农业生产技术效率的提高，但对不同规模农户具有异质性，其中，规模经营主体的技术效率提高程度显著高于小农户（杨子等，2019），中等规模农户的小麦产出率更高（仇童伟等，2021）。农机社会化服务总体上对早稻生产技术效率具有显著正向影响，但具有环节异质性（杨思雨、蔡海龙，2020）；机耕、机收等农业生产性服务，能缓解高龄农业劳动力对粮食生产效率的负向影响（彭柳林等，2018），农机服务在2008年以后显著促进粮食全要素生产率（张丽、李容，2020）。也有少部分学者认为农机服务对粮食生产效率没有显著影响，只是实现了对劳动投入的替代（张忠军、易中懿，2015），农机服务监督成本高，质量考核困难，甚至出现农业生产成本效率的损失（孙新华，2013）。

农机社会化服务是否能够促进农民增收？学者观点不一。支持派认为，采纳农业生产性服务、农业社会化服务或农机服务能显著促进农民增收（王玉斌、李乾，2019；陈宏伟、穆月英，2019；唐林等，2021；李颖慧、李敬，2021；Sang et al.，2023），国外学者也有类似发现，如Machila et al.（2015）对津巴布韦农户的研究发现，外包服务促进农户的作物生产净收入，Lyne et al.（2018）指出外包服务显著正向影响农户的农业净收入，Aryal et al.（2019）对孟加拉国小型农业机械使用的研究发现，购买农业机械服务能提高农民收入。曲朦和赵凯（2021）认为农机社会化服务既可以显著提升农户家庭总收入，也可以显著提升工资性收入。有学者研究发现农业生产各环节对农民增收具有异质性，施肥服务对高收入农户增收显著，整地和收割服务对低收入农户增收显著（邱海兰、唐超，2019），农机社会化服务还能缩小农户收入差距，缓解农户收入不平等（Sang et al.，2023），农机社会化服务采纳可以缩小农户劳动力和技术差距，提升劳动力配置效率、农业生产效率，进而缓解农村经济相对贫困（罗明忠、邱海兰，2021；邱海兰等，2021）。农机社会化服务成为农机具购置补贴促进农民增收的重要路径（杨义武、林万龙，2021）。小农户通过村级代理托管模式和土地入社托管模式获取农业生产性服务，实现机械对劳动力的替代，均能显著提升小农户家庭人均收入和非农收入，且土地入社托管模式的提升效应高于村级代理托管模式（徐勤航等，2023）。

有学者进一步研究农业生产性服务影响农民收入的机理，张恒、郭翔宇（2021）发现农业生产性服务通过技术进步提高农业收入。杨志海（2019）采用内生转换回归模型（ESR），研究生产环节外包对农户福利的影响，结果表明，生产环节外包能够通过资源配置与专业分工改善农户福利。曲朦、赵凯（2021）研究发现，农业社会化服务对农户增收效应贡献最大是劳动力优化配置，其次是服务专业化分工，最后是土地规模效应。张荞华、高军（2019）认为农业生产性服务会通过促进农村经济运行效率，进而提高农民相对收入水平、缩小城乡收入差距。穆娜娜等（2016）认为新型农业经营主体通过创新农业社会化服务模式提高农民收入，主要是通过促进剩余劳动力转移、降低农业生产成本、提高农产品产量和销售价格、促进土地流转等路径增加农民纯收入。少数反对派认为，农机服务通过非农就业增加农民收入的机制不显著（周振等，2016），Gillespie et al.（2010）以美国奶牛场为例，研究发现部分环节外包并未促进农场净收入，而且还可能存在不利影响。

2.1.3.2　生态效应

张昆扬等（2023）基于中国省级面板数据，研究农机作业服务对农业生态效率的本地效应和空间溢出效应，结果表明，农机作业服务对农业生态效率的直接效应、间接效应和总效应分别为 0.006、0.017 和 0.024，间接效应约占总效应的 75%。颜华等（2022）采用中国省级面板数据，研究农业生产性服务对粮食绿色生产的影响，发现农业生产性服务显著促进粮食绿色生产，但存在区域异质性，粮食产销平衡区促进效果最显著，其次是粮食主产区，对粮食主销区效果不显著，农业生产性服务通过技术进步、专业分工和规模经营促进粮食的绿色生产。张梦玲等（2022）利用江西省水稻调研户数据，采用 Tobit

模型分析农业社会化服务对农业绿色生产率的影响，研究发现，社会化服务采纳程度越深，农户的农业绿色生产率越高，施肥和打药是促进农业绿色生产率提升最重要的环节；深入分析发现，农业社会化服务通过诱导农户采纳农业绿色生产技术从而促进农业绿色生产率提升，程永生等（2022）基于 CFPS 三期面板数据，研究农业社会化服务对农业绿色全要素生产率的影响，发现农业社会化服务通过专业分工、规模经营、要素替代、制度变迁四种路径影响农业绿色全要素生产率。

多数学者认为农机社会化服务或外包服务能促进化肥减量（张露、罗必良，2019；杨高第等，2020；卢华等，2021；张露、罗必良，2022；张露等，2022；张梦玲等，2022；朱建军等，2023），但路径和机制可能不同，张露等（2019）指出农业生产性服务能促进农业绿色增长，服务规模经营是农药减量的一条重要路径，张梦玲等（2022）认为农业社会化服务通过地块规模和劳动力非农就业的调节效应促进化肥的减量施用。朱建军等（2023）认为农机社会化服务通过农户收入的增加和农地经营规模的扩大来推动化肥减量。

部分学者认为农业社会化服务能促进农药减量。石志恒和符越（2022）基于甘肃省调研数据，利用 PSM 构建反事实框架，考察不同专业化服务对农户农药减量行为的影响，发现农业社会化服务能够显著促进农户采纳农药减量行为。

Lewis et al.（2009）发现农业生产性服务对农户的绿色生产技术采纳意愿具有促进作用，杨高第等（2020）和卢华等（2021）认为社会化服务能促进农户采用亲环境技术。杜三峡等（2021）基于湖北和江西两省稻农调查数据，研究农业社会化服务如何影响稻农生物农药技术采纳行为，得出结论，农业社会化服务能促进稻农采纳生物农药技术，杨高第和张露（2022）采用江汉平原调研数据，使用有序 Probit 模型，分析农业生产性服务对农户耕地质量保护行为的影响，发现农业生产性服务能显著促进农户施用农家肥、采用测土配方施肥技术。

但也有观点认为，农资销售商和服务商可能为了提高农资的销售而有意合谋，导致农户过量购买与施用化肥和农药（谢琳等，2020；陈义媛，2018；Zhang 等，2015；王常伟、顾海英，2013）。

2.2　要素配置的相关研究

本书的要素配置指农业生产要素配置，关于农业生产要素配置的文献综述主要包括农业生产要素配置的作用，农业生产要素配置的衡量指标，农业生产要素配置的三个方面：农村劳动力转移、土地流转、农业资本投入。

2.2.1 要素配置的作用

农业生产要素配置对乡村振兴的推进和农业农村现代化的实现具有重要意义（钟真等，2020）。优化农业生产要素配置能提高农业生产效率（黄毅祥等，2023），促进农民增收、实现共同富裕（陈斌开等，2020）。农业要素结构变迁中，农业劳动力转移速率、农用地面积变化率和农业资本投入增长速率，对要素配置影响较大（罗浩轩，2017），劳动力、土地、资本等生产要素的错配会严重制约农业经营方式的转型升级（吴佳璇等，2022）。Udry et al.（1995）认为地块之间重新分配当前使用的生产要素，家庭产出的价值可以增加10%～15%。Udry（1996）认为农户要素配置效率低下会导致6%的产出损失。农户要素配置的优化取决于要素的价格风险，中国农户投资劳动力、土地比拖拉机、化肥更多（Yang，2014）。Long et al.（2016）发现劳动力、土地、资本等要素配置对农村结构调整有影响。

2.2.2 要素配置的衡量指标

仇童伟和罗必良（2018a）在研究农地产权强度对农业生产要素配置影响时，要素配置是因变量，用农地和农业劳动力来衡量，在分析农地产权、要素配置对种植结构的影响时，要素配置是调节变量，用纯务农劳动力占比、兼业劳动力占比、粮食生产中劳动用工量、粮食生产中机械使用程度来衡量（仇童伟、罗必良，2018b）。林文声等（2018）用家庭劳动分工、农地流转、农业投资和经营权信贷抵押来衡量农业生产要素配置。罗明忠等（2019）将要素配置分为劳动力要素配置和土地要素配置，分别用农业劳动力人数、农业劳动力兼业比例，水田规模来衡量。耿鹏鹏（2020）将农业要素配置分为劳动力投入、农地流转、农业资本三个方面。蔡键、黄颖（2020）将劳动力、土地、资本视为三大农业生产要素。钟甫宁（2021）将农业生产资源的配置理解成农业要素配置，主要包括劳动力资源配置和农地资源配置。黄颖和吕德宏（2021）认为农业保险对农民收入影响的传导机制要素配置包括农业投资、土地投入、技术进步和劳动供给四个方面。吴佳璇等（2022）将要素配置主要分为非农就业和土地流转，张梦玲等（2022）将要素配置作为调节变量研究农业社会化服务对化肥减量施用的影响，要素配置包括非农就业、地块规模和农业技术培训。马俊凯和李光泗（2023）将农业生产要素配置中土地、劳动力、资本分别用农地流转、家庭劳动力配置和农业资本投入来衡量，王静、赵凯（2022）研究将要素配置作为中介变量研究宅基地退出影响农户农业生产效率的机制，要素配置包括劳动力投入水平、农地规模缩减状况和资金投入水平（表2-1）。

2.2.3 农村劳动力转移

学术界关于农村劳动力转移的研究成果丰硕，农村劳动力转移对于促进农民增收、缩少城乡差距有重大意义（李实，1999；Giles，2006），农村劳动力流动能显著促进家庭储蓄率（尹志超等，2020），农村劳动力转移的家庭可以通过要素替代、调整粮食种植结构、增加农业资本投入来保障粮食安全（程名望等，2013；钟甫宁等，2016）。

影响农村劳动力转移的因素有很多，其中，制度政策和人力资本、社会资本等影响因素特别重要，改革开放政策促进了农村劳动力转移，对中国经济高速增长做出了卓越贡献，户籍管理制度阻碍了农村劳动力转移的进程（赵耀辉，1997；蔡昉，2017）。人力资本对农村劳动力的转移具有很大影响，（周其仁，1997；蔡昉，2001），互联网使用促进农村劳动力非农就业（宋林、何洋，2020；王军、韩悦，2023），徐志刚等（2023）认为二元经济理论不能全面解释东北三省跨省迁移率高的现象，深入研究发现，就业平等性对农村劳动力跨省迁移具有重要影响，文化差异会阻碍农村劳动力跨省迁移。

2.2.4 土地流转

土地流转是农民增收的重要途径（王春超，2011），陈飞和翟伟娟（2015）认为土地流转能促进农民增收，土地转入户通过扩大经营规模和提高技术效率增加收入，土地转出户通过非农收入和土地租金增加收入，张永峰等（2021）发现土地流转具有收入效应和要素配置效应，土地转包比土地承包收入效应更高，土地承包具有规模效应，柯炼等（2022）发现土地流转主要对转出户有增收效果，对转入户增收效果不显著。杜鑫和张贵友（2022）认为土地转入显著促进转入户增收，土地转出对转出户收入影响不明显。童庆蒙等（2019）发现转入土地不会直接提高农民生活满意度，但会间接通过农民增收来提高农民生活满意度，杨子砚和文峰（2020）、李长生和刘西川（2020）研究发现土地流转显著促进农民创业，郑宏运和李谷成（2023）认为土地转入与转出对农业资源配置效率的影响具有异质性，谢花林和黄萤乾（2022）发现土地流转能缓解山区耕地撂荒现象。

关于土地流转的影响因素。劳动力转移能促进土地流转（杨子砚、文峰，

表 2-1 国内学者关于农业生产要素配置定量研究的代表性文献

来源	变量类别	数据	计量方法或模型	衡量指标
仇童伟、罗必良 (2018)	因变量	全国9省（区）数据	Double Hurdle, OLS	农地和农业劳动力
仇童伟、罗必良 (2018)	调节变量	全国9省（区）数据	OLS, Probit, 工具变量法、调节效应	纯务农劳动力占比、兼业劳动力占比、粮食生产中劳动用工量、粮食生产中机械使用程度
林文声等 (2018)	中介变量	CLDS	OLS, PSM, 工具变量法、中介效应	家庭劳动分工、农地流转、农业投资和经营者权信贷抵押
罗明忠等 (2019)	自变量	全国8省数据	Probit, 边际效应	劳动力要素配置和土地流转
耿鹏鹏 (2020)	中介变量	CLDS	OLS, 工具变量法、中介效应	劳动力投入、农地流转、农业资本
黄颖、吕德宏 (2021)	中介变量	中国省级面板数据	System GMM, SUR, 中介效应	农业投资、土地投入、技术进步和劳动供给
吴佳璇等 (2022)	因变量	中国西南山区数据	内生转换 Probit 模型、平均处理效应、工具变量法	非农就业和土地流转
张梦玲等 (2022)	调节变量	江西省水稻种植户调研数据	OLS, PSM, ESRM	非农就业、地块规模和农业技术培训
王静、赵凯 (2022)	中介变量	安徽省农户调研数据	OLS, 工具变量法、中介效应	劳动力投入水平、农地规模缩减状况和资本投入水平
马俊凯、李光泗 (2023)	中介变量	CLDS	IV-2SLS, 中介效应, PSM	农地流转、家庭劳动力配置和农业资本投入

2020），显著影响农地转出（胡新艳、洪炜杰，2019），当劳动力转移规模超过临界值 0.3 才会促进土地转出（高佳、宋戈，2020），互联网使用促进了土地流转，对土地转出影响更大（刘子涵等，2021）。还有农业决策者的性别、年龄、受教育程度、是否为党员、家庭承包地面积、农机资产等因素会影响土地转入（杨子等，2019），农业确权促进了土地流转意愿（胡新艳、罗必良，2016）与土地流转行为（程令国等，2016）。

2.2.5　农业资本投入

增加农业资本投入能促进农业的发展（程名望、阮青松，2010），农业资本深化及其对劳动、土地的要素替代促进农业生产率增长（李谷成，2015），农业资本深化与要素配置效率紧密相连（侯明利，2020），农业资本中的农业机械、化肥、农药根据劳动力价格变动而发生变化，它们与劳动力、土地要素替代的过程就是资源优化配置的过程（孔祥智等，2018）。

关于农业资本投入的影响因素。刘承芳等（2002）认为经营规模、非农就业比例、借贷可获得性是农户农业资本投入的主要影响因素，黄季焜和冀县卿（2012）发现农地确权提高了产权稳定性，激发农户愿意长期投资，增加了农户有机肥的施用量。农药化肥的减量研究，是近几年的研究热点，蔡荣等（2019）发现加入合作社比不加入合作社的家庭农场在农药化肥减量施用方面概率更高，梁志会等（2020）认为土地细碎化会增加化肥的施用量，地块连片则会因规模经济促进化肥减量施用，张露和罗必良（2020）认为土地规模越大，土地越连片，农业社会化服务卷入程度越深，则化肥减施量越高。

2.3　农机社会化服务对要素配置影响的相关研究

关于要素配置的研究成果不少，但农业生产性服务与总体要素配置结合的研究不多。陈昭玖和胡雯（2016b）认为农业规模经营的演化路径，呈现"雇工缓解劳动力约束—服务外包替代雇工—自购机械替代服务外包"的要素匹配趋势。罗明忠等（2019）研究要素配置对农机社会化服务供给行为的影响，得出结论，务农劳动力人数对农机户提供整地与收割机械服务有正向影响，而务农劳动力兼业比例对农机户提供收割机械的影响显著为负，家庭水田经营规模对农机户提供整地与收割机械有显著负向影响。Guo et al.（2021）发现农业生产外包作为一种新型的农业生产方式，可以优化资源配置，降低农业生产成本，提高农业生产率，毕雪昊等（2022）认为劳动力替代、技术替代、资本替代等效应是农业社会化服务改善要素配置的方式。

本研究的农业生产要素主要包括劳动力、土地、资本，农机社会化服务作为一项新的生产要素，与这些传统生产要素的关系怎样？目前有以下研究成果。

2.3.1 农机社会化服务与劳动力转移

关于劳动力转移对农机社会化服务影响的研究成果。纪月清和钟甫宁（2013）利用安徽省农户调查数据进行实证研究，发现非农就业能促进农户增加农机服务的采纳，董欢和郭晓鸣（2014）认为农村青壮年劳动力外出务工，是农户家庭购买农机作业服务的重要原因。苏卫良等（2016）采用江苏省三期调查数据研究发现，非农就业人数增加会显著促进农户农机服务支出。方师乐等（2020）基于 2011—2014 年全国农村固定观察点数据，研究发现非农就业促进了农户对农机服务的采纳，万晶晶和钟涨宝（2020）采用湖北省农户家庭微观调查数据，发现非农就业促进农业生产服务外包。王玉斌和赵培芳（2022）认为，非农就业能推进农业生产性服务的发展，生产性服务能替代劳动力。

关于农机社会化服务对劳动力转移影响的研究成果。杨思雨等（2020）通过调研发现，农机社会化服务能够促进农村劳动力转移，但具有环节异质性。农机社会化服务对小规模、北方省份的农户劳动力转移的效果更显著。Mi et al.（2020）认为农业生产外包能缓解劳动压力，节约劳动力。郑旭媛和林庆林（2021）发现，总体上外包服务对村庄劳动力非农配置有显著正向影响，但不同环节外包服务的可获得性以及劳动力节约程度对农户劳动力非农配置影响存在较大差异，刘魏等（2021）运用全国 8 省农户微观调查数据研究发现，劳动力流动促进水稻生产环节外包具有环节异质性，显著促进整地环节外包，显著抑制育秧和植保等技术密集型环节外包，对收割环节外包不显著。

关于兼业与农机社会化服务的研究。陆岐楠等（2017）基于江苏省农户数据，发现兼业住家农户外包概率比兼业不住家农户外包概率低，因为兼业住家农户可以协助农业生产。邱海兰和唐超（2020）利用河南省小麦生产调研数据发现，与劳动力转移相比，兼业更能促进农机外包服务投资；兼业的规模户倾向于选择自购农机而非农机外包服务。农村劳动力兼业化水平显著正向影响农业生产环节外包，但具有环节异质性，相比技术密集型环节，对劳动密集型环节外包促进作用更大，收入兼业化水平显著正向影响农业生产环节外包（赵培芳、王玉斌，2020），蔡文聪等（2022）基于全国 956 个苹果户的调研数据，研究发现苹果户兼业程度越高，越倾向于购买机械服务，崔民和夏显力（2023）利用河南省粮食种植户调研数据，得出结论，兼业程度总体上与外包服务呈倒"U"形关系，但在经营规模上具有异质性，小规模农户样本中兼业程度与外包服务存在倒"U"形关系，大规模农户中不存在倒"U"形关系。

农机社会化服务与劳动力转移相互影响的研究成果。朱丽娟和顾冬冬（2021）基于河南省小麦生产调研数据，研究发现劳动力转移和服务外包相互影响、相互作用，劳动力转移推动服务外包程度，服务外包又反过来促进劳动力转移。从以上文献可以看出，农机社会化服务与劳动力转移是互相影响的。

2.3.2 农机社会化服务与土地流转

关于经营规模对农机社会化服务影响的研究。农业规模经营不是某一要素的规模扩大，而是各生产要素的合理配置和有效运行（王志刚等，2011），农地经营规模扩大导致机械替代劳动，节省生产成本和交易成本，将改善农户要素配置效率（张露、罗必良，2018）。蔡键等（2017）认为农户经营规模过小促进农户产生农机服务外包需求。陈江华等（2019）认为经营规模、地形状况及其交互项显著正向影响劳动密集型环节外包。单纯的土地转入对农业社会化服务获取并不具有显著影响（韩旭东等，2020）。李宁等（2020）认为，农地经营规模的扩大降低了新型农业经营主体购买农机服务的概率，并增加了其自购农机使用的程度和向外提供农机服务的概率，曲朦和赵凯（2021）认为，土地连片转入促进农机社会化服务投入，土地分散转入导致土地细碎化加重，抑制经营规模扩张对农机社会化服务投入的正向作用。农地经营规模与农机社会化服务需求呈现倒"U"形关系（曹铁毅等，2021），土地规模经营与农户植保环节采纳农机社会化服务呈倒"U"形关系（邸帅等，2020），大规模农户在打药环节倾向于采纳无人机服务，小农户倾向于用生物农药来实现农药减量化（Liu et al.，2023）。

关于农机社会化服务对经营规模影响的研究。绝大部分学者认为农业生产性服务、农业社会化服务、农机社会化服务、生产环节外包能促进土地的规模经营（王志刚等，2011；李颖明等，2015；戚迪明等，2015；刘强、杨万江，2016；姜松等，2016；徐盼等，2019；Qian et al.，2022），深入分析发现，农机社会化服务采纳成为影响农户农地转入行为的关键因素（翁贞林、徐俊丽，2019），务农为主的农户，服务外包促进土地经营规模的意愿，非农为主的农户，服务外包对土地经营规模意愿没有显著性影响。农业生产性服务能促进大规模农户转入土地，促进小规模农户转出土地（徐盼等，2019）；相比劳动密集型环节，技术密集型环节外包对大农户转入土地促进作用更强，对小农户转入土地抑制作用更强（陈超、唐若迪，2020）。农业社会化服务通过缓解劳动力和技术约束促进土地转入，促进土地规模经营的发展（杨子等，2019）。农机社会化服务和农业生产服务外包促进农地转入、抑制农地转出（万晶晶、钟涨宝，2020；徐晶、张正峰，2021）；随着农户承包面积增大，服务外包促进农地转入、抑制农地转出的效应增强（洪炜杰，2019）。小农户采用农机服务通过农业劳动力投入、农业技术应用和农业收入等机制促进农地转入（刘艳等，2022）。胡新艳等（2021）发现农业服务外包对农户农地流转行为的影响并非线性关系，而是"U"形曲线关系。董欢和郭晓鸣（2014）认为农机社会化服务没有促进土地经营规模扩张，李尚蒲和张路瑶（2022）认为外包服务因为价格上升促进农地转出进而退出农地经营。土地流转不利于农业现代化的实现，应健全农业社会化服务体系，通过服务的规模化来实现小农户与现代农业发展的有机衔接（孔祥智、穆娜娜，2018），农业生产性服务外包，会抑制劳动力转移对农地转出的促进作用（檀竹平等，2022）。

关于农机社会化服务与经营规模关系的研究。土地流转和农业社会化服务是经营规模化和服务规模化的根本途径（韩旭东等，2020）。在中国小农为主体的国情下，通过土地流转实行规模经营的道路行不通，健全农业社会化服务体系才是实现农业现代的唯一出路（孔祥智、穆娜娜，2018），因为扩大经营规模无法实现农业规模报酬，通过土地托管而非土地流转推动服务规模化，以服务规模化实现农业现代化，是中国农业发展的有利选择（刘守英、王瑞民，2019）。土地流转和社会化服务不是"路线竞争"关系，而是"相得益彰"的关系（钟真，2020）；土地、劳动要素集聚的土地规模经营与资本、技术要素集聚的服务规模经营是农业适度规模经营的两种形式，是实现农业现代化的重要路径（张士云等，2014；罗必良、李尚蒲，2018；杨春华，2018；谢地、李梓旗，2021），它们相互依存，相互促进（胡凌啸，2018），农机服务促进了农地经营规模；农地经营规模的扩大降低了新型农业经营主体购买农机服务的概率，并增加了其自购农机使用的程度和提供农机服务的概率（李宁等，2020）。

2.3.3　农机社会化服务与农业资本投入

关于农机社会化服务与农业资本投入关系方面的文献较少，农户自购农机和生产环节外包是资本替代劳动的两种方式。胡雯等（2019）认为，农户购买农机还是购买服务主要考虑成本、风险、利润三个方面，农地经营规模 100 亩左右的农户购买农机才符合规模经济。胡新艳等（2020）发现农业服务外包与农户生产性投资存在显著替代效应。外包水平增加 10%，农户生产性投资行为的概率降低 3.21%，生产性投资总额降低 29.24%。农机装备越贵，说明代替人力、畜力的迂回生产程度越高，能进一步拓展农业生产活动的可分性，刺激了生产环节外包的需求（陈昭玖、胡雯，2016a），投资农机还是购买服务，取决于机会成本、农机使用成本和服务价格中最低的那一个（张宗毅、杜志雄，2018），农户外包服务需求与农业生产投资具有正 "U" 形关系（李克乐、杨宏力，2023）。投资农机自我服务或购买生产性社会化服务，是两种可替代的要素匹配策略（张露、罗必良，2018），说明农机投资与农机服务是互为因果、相互影响的。农户进行服务外包或采纳社会化服务，能够增强农地规模扩大对农业减量的促进作用。

2.4　文献述评

总体来看，学界围绕农机社会化服务、要素配置取得了丰硕的研究成果，为本课题奠定了非常坚实的研究基础，但仍然存在以下完善空间。

（1）研究内容上。 农机社会化服务对要素配置总体影响的研究不多，农机社会化服务与劳动力、土地、资本这三要素的影响研究有一些，但不够系统，尤其是机理分析和实证研究都有待进一步深入研究，这给本课题留下了一定的研究空间。本课题将关注农机社会化服务采纳对农户生产要素配置的影响，首先厘清农机社会化服务对要素配置的影响机制，然后用实证分别检验农机社会化服务采纳对劳动力转移、土地转入、农业资本投入的影响，农机社会化服务用采纳行为和采纳程度衡量，劳动力转移用非农就业与兼业衡量，土地转入用转入行为与转入规模衡量，农业资本投入用农业机械投入和种子、农药、化肥投入衡量，并提出发展农机社会化服务，优化要素配置的对策。

（2）研究方法上。 已有研究大部分没有解决核心自变量与因变量互为因果问题，没有进行深入的机制分析与异质性分析。本书将在基准回归基础上运用工具变量法解决这个问题，同时本书还将通过替换自变量、因变量、更换估计方法来做稳健性检验；用 PSM 解决样本自选择偏差问题，最后进行机制分析与异质性分析。

因此，本书运用分工理论、农户行为理论、生产要素理论、诱致性技术创新理论，基于江西水稻种植户调研数据，使用 OLS、Probit、Tobit、IV-Probit、IV-Tobit、两阶段最小二乘法、工具变量法、倾向得分匹配法、中介效应模型等计量方法，研究农户采用农机社会化服务对要素配置的影响，具体分析农机社会化服务对劳动力转移、农机社会化服务对土地转入、农机社会化服务对农业资本投入的影响，并进一步探究影响机制，为改善农户生产要素配置和促进农机社会化服务发展提供决策参考。

3 | 概念界定与理论基础

本章首先对农机社会化服务、要素配置、农村劳动力转移、土地转入、农业资本投入等概念进行界定，然后，阐述本研究的理论基础：分工理论、农户行为理论、生产要素理论、诱致性技术创新理论，最后，提出本书的理论分析框架。

3.1 概念界定

3.1.1 农机社会化服务

为厘清农机社会化服务的概念，有必要了解农业生产性服务、农业社会化服务、农业生产环节外包、农业生产托管、农机作业服务、农机社会化服务的概念及联系区别。

农业生产性服务。关于农业生产性服务内涵，相关文件及不同学者观点类似，但略有不同。根据 2017 年农业部、国家发改委和财政部联合发布的《关于加快发展农业生产性服务业的指导意见》（农经发〔2017〕6 号），农业生产性服务是指贯穿农业生产作业链条，直接完成或协助完成农业产前、产中、产后各环节作业的社会化服务。农业生产性服务主要包括农资供应及配送服务、农机作业服务、农业基础设施及服务、农业技术推广服务、农业金融保险服务、农产品物流服务、农产品销售服务、农业信息服务、农产品质量安全服务、土地流转等。韩坚和尹国俊（2006）在国内最早提出农业生产性服务概念，他认为，农业生产性服务贯穿于农业生产的整个链条，可分为产前、产中、产后三个环节，产前包括农业化机械、化肥、农药、饲料、种子、牲畜良种及能源供应等农用物资的生产供应等服务，产中包括土壤准备、农场劳动服务、植保货物防疫服务、新技术推广和应用服务、管理信息咨询和咨询服务等，产后包括农产品收购、贮藏、加工、包装、销售等服务。郝爱民（2015）提出，农业生产性服务是为农业生产组织提供农资服务、技术推广服务、农民培训服务、金融服务、农产品流通服务等各类中间投入服务的行业。姜长云

（2016）将农业生产性服务业定义为面向农业产业链，为农业生产提供中间投入服务的服务业。冀名峰（2018）认为农业生产性服务是贯穿农业生产作业链条、完成农业产前、产中、产后各环节作业的社会化服务，是小农户与现代农业衔接的第三次动能。芦千文（2023）认为农业生产性服务是指为农业生产经营提供的中间投入服务，范围由农业分工水平和专业化程度决定，农业生产性服务的核心内容是农业生产环节作业服务，如农机作业、植保防疫、田间管理、物资供应等。以农业生产环节服务为基础，包括科技创新、技术推广、经营管理、营销流通、金融保险、信息咨询、品牌运营及综合方案等服务内容。农业生产性服务业本身集聚了资本、技术和管理等现代农业要素，促进农业生产专业化和分工协作的深化，不仅能解决机械对人力畜力的替代问题，还能对接大市场、融合社会化大生产。农业生产托管本质是农业生产性服务业以现代作业方式对小农户传统作业方式的替代，是一个农业现代化过程。

农业社会化服务。关于农业社会化服务概念提出，比较有代表性的学者是孔祥智，他认为农业社会化服务体系是在家庭承包经营的基础上，为农业产前、产中、产后各个环节提供服务的各类机构和个人所形成的网络。农业社会化服务的内容非常广泛，包括物资供应、生产服务、技术服务、信息服务、金融服务、保险服务，以及农产品的运输、加工、贮藏、销售等各个方面。农业社会化服务体系包括服务的社会化和组织的系统性两个方面（孔祥智等，2009）。

农业生产环节外包。所谓农业生产环节外包，是指具有土地经营权的农户选择雇佣或市场购买生产效率更高（或机会成本更低）的家庭外劳动力（包括个人、农业社会化服务组织等）或生产性服务来满足某个或某些生产环节作业需求的一种生产经营行为（陈超等，2012）。农业生产环节外包就是农户将农业生产的某个或几个环节包给他人作业，在不改变土地产权的基础上，购买他人的机械或人工服务，水稻种植的纵向分工可以分为不同生产环节：整地、播种、育秧、栽插、灌溉、施肥、病虫防治、收割（胡新艳等，2015；陈昭玖、胡雯，2016a），水稻生产环节外包是指将水稻生产的部分环节或者全部环节外包给他人作业的一种行为（王志刚，2011）。

农业生产托管。农业生产托管是农户在不流转土地经营权的情况下，将农业生产中的耕、种、防、收等全部或部分作业环节委托给服务组织完成的一种经营方式（冀名峰，2017），是农业服务规模经营的主要形式（冀名峰、李琳，2020），农业生产托管是农业生产性服务业与小农户的主要联结机制（冀名峰，2018）。

农机作业服务。农机作业服务业是中国农业生产性服务业的重要组成部分，是农业机械化的重要推动力量，也是使小农户与现代农业有机衔接的重要途径（芦千文、吕之望，2019）。

农机社会化服务。根据《农业部关于大力推进农机社会化服务的意见》，农机社会化服务是指农机服务组织、农机户为其他农业生产者提供的机耕、机播、机收、排灌、植保等各类农机作业服务，以及相关的农机维修、供应、中介、租赁等有偿服务的总称。

农业生产性服务与农业社会化服务的关系。姜长云（2016）认为农业社会化服务与农业生产性服务既有联系，也有区别。他们在方向和内容上基本一致，二者都重视公益性服务和经营性服务、专项服务和综合服务；但二者也有区别，农业社会化服务更强调服务的系统性、配套性、公益性；农业生产性服务更强调服务的市场化和产业化，强调服务创造价值。农业生产环节外包和农业生产托管比较相似（芦千文、苑鹏，2021）。

纵观以上概念界定，笔者发现，农业生产性服务与农业社会化服务基本相似，只是不同时间段更强调哪个而已，前者侧重市场化、商业化，后者不仅包含市场化、商业化，还强调公益性，如农业技术推广属于农业社会化服务的内容，政府主导的农业技术推广通常具有公益性特点；农业生产环节外包一般指农产品在种植或产中环节购买农业机械服务，学者研究较多的是水稻、小麦、玉米、蔬菜、苹果等农产品的生产环节外包；农业生产托管有多种形式，如土地托管、代耕代种、联耕联种、全程托管等，和农业生产外包比较类似，托管强调将一个环节、多个环节或所有环节委托给服务组织等机构，外包强调是一个环节或多个环节自己不操作，交给服务组织或个体农机手来服务，如果所有环节进行外包，那就是全程托管，农业生产托管和生产环节外包主要内容都是农机作业服务，利用机械替代人力畜力，现代农业形式替代传统农业模式。农机作业服务是利用农业机械进行服务，对购买农机作业服务的农户来说是农机社会化服务采纳者，从范围上来看，农机社会化服务是农业生产性服务或农业社会化服务的一个重要组成部分，是指利用农业机械进行作业服务的部分，与农机作业服务基本一致；农业生产环节外包和农业生产托管比农业生产性服务和农业社会化服务范围更小，仅仅是产中环节的农机服务外包或土地托管。

本书农机社会化服务主要指农业产中环节的机械作业服务，即整地、播种、育秧、栽插、灌溉、施肥、打药、收割8个环节购买机械服务情况，包括农机社会化服务采纳行为和农机社会化服务采纳程度，本书所用数据是江西省水稻种植户的调研数据，所以实证分析章节主要指水稻种植户在以上 8 个环节是否采纳农机社会化服务和采纳程度。

3.1.2 要素配置

要把握要素配置内涵，需要理解农业生产要素、资源配置、要素配置效率、要素配置、劳动力配置、土地配置、资本配置、农村劳动力转移、土地转入、农业资本投入等概念。

农业生产要素。一般认为，农业生产要素是在农业生产过程中，为了获得人们需要的各种农产品所必需投入的各种基本要素的总称（张晶等，2010），它包括直接生产要素和间接生产要素。直接生产要素包括劳动力、劳动资料、劳动对象，以土地和水为代表的自然资源；间接生产要素包括资金、科技、教育、管理、信息。农业生产要素又可分为传统农业生产要素和现代农业生产要素，传统农业生产要素一般指农业劳动力、农业土地、农业资本，现代农业生产要素一般指科技、信息、数据、企业家等要素。本书仅研究农户劳动力、土地、资本三大要素。

资源配置。由于资源具有稀缺性，所以人们必须通过选择按照一定的规则或机制分配资源，这种资源的分配过程称为资源配置（王蓓、陆大道，2011）。

要素配置效率。从投入导向角度看，要素配置效率是指在产出不变的前提下通过要素投入量的调整所能达到的最小投入成本与调整前实际最小投入成本的比值（Farrell，1957）。从产出导向角度看，要素配置效率是指在投入成本一定的前提下通过要素投入量的调整所能达到的最高产出与调整前实际最高产出的比值（张乐、曹静，2013）。

要素配置。杜鑫（2013）曾建立了一个农户多种生产要素配置决策模型，农户对家庭生产要素的配置是由其联合决策行为所决定的，他指的生产要素包括劳动力、土地、资本。本书的要素配置也包括劳动力、土地、资本三个方面的配置，如果将劳动力、土地、资本作为资源，实质上也是资源配置。本书要素配置具体是劳动力转移、土地转入、农业资本投入，衡量指标分别是非农就业比例、兼业比例、土地转入行为、土地转入规模、资本投入行为、资本投入费用。

劳动力配置。本书研究对象是从事农业生产的农户，核心自变量是农机社会化服务采纳行为与采纳程度，采纳农机服务的家庭劳动力如何配置，不采纳农机服务的家庭劳动力如何配置，采纳农机服务程度不一样的家庭劳动力配置是不一样吗？根据诱致性技术创新理论，农机社会化服务能替代劳动力，一般情况下，农户采纳农机服务对家庭农业劳动力数量具有显著负向影响，这个观点在学术界基本达成了共识，所以本书考察农机社会化服务对农村劳动力转移的影响，劳动力转移用非农就业和兼业来衡量。

土地配置。本书研究农机社会化服务采纳对农户生产要素配置的影响，前提是农户在土地上从事农业生产，农户有一定的经营面积。当面对农机社会化服务时，农户需要进行决策：采纳或不采纳，当农户具备农业生产比较优势时，可能选择转入土地，扩大经营规模，通过机械化或机械化服务实现规模经济，当农户不具备农业生产优势，有以下几种选择，一是经营自家承包地；二是选择务工，将土地全部转让出去或将土地全部托管给农机服务组织；三是转出一部分土地，家庭部分劳动力务农，部分劳动力务工。我国基本国情是大国小农，户均耕地很少，选择务农的农户大部分会经营好自家承包地。因此，本书在土地配置方面仅考虑土地转入，不关注土地转出。

资本配置。本书关注农户固定资本和非固定资本的投入，其中固定资本是农业机械，非固定资本是种子、农药、化肥。由于农业机械的资产专用性、投资锁定和沉没成本，一些农户选择不购买农业机械，而是购买农业机械服务，农机服务既可以节约劳动力和时间，还可以通过技术进步带来农业生产率的提高和生态环境的改善。

农村劳动力转移。罗明忠（2008、2009）认为农村劳动力转移从长期来看，可以分为彻底性的地域性或职业性转移和阶段性的转移，按目标地域可分为就地转移和异地转移两种。罗琦和王浩（2019）、罗琦等（2019）在分析非农转移与农内转移的行为选择与机理时，提出非农转移是指农村劳动力从传统的农业部门向现代非农产业部门转移；农内转移是指农村劳动力脱离传统的自给自足的小农经营模式，在农业产业内实现自我雇用或被雇用的转移方式。本书的农村劳动力转移分为非农就业和兼业，借鉴王玉斌和赵培芳（2021）的研究，非农就业用非农就业比例来衡量，指从事非农就业人数占家庭劳动力总数的比例。兼业用兼业比例衡量，指既从事农业又从事非农就业人数占家庭劳动力总数的比例。

土地转入。本书土地转入指农户家庭为扩大经营规模，租赁其他农户的耕地，包括土地转入行为和土地转入规模，土地转入行为指是否转入土地，土地转入规模用土地转入率衡量，即土地转入亩数与土地经营面积之比。

农业资本投入。本书农业资本投入指农业机械投入和种子农药化肥投入，分别用农业机械投入费用和种子农药化肥投入费用来衡量。

3.2 理论基础

3.2.1 分工理论

斯密（1997）于1776年通过制针案例提出了著名的"斯密定理"，他认为分工程度由市场范围的大小决定；农业生产力的增速比制造业生产力的增速慢，主要原因是分工的不彻底，农业分工不彻底的原因在于技术上的不可分性，或者说是技术上的可分性程度太低，这就是著名的"斯密定理"（罗必良，2017）。

Young（1928）在"斯密定理"基础上进行了拓展，他认为，企业的规模经济的前提是社会分工体系或者说经济网络已经形成。内部经济扩大的只是单个企业的规模，却不能改变既定分工网络模式的构成。分工不仅取决于市场范围的大小，而且由分工引发的专业化生产环节的多少及其网络效应也会影响分工，由此，揭示报酬递增的自我实现机制的"分工一般地取决于分工"的"杨格定理"得以形成（罗必良，2017）。

罗必良（2017）针对中国现实情况，提出了横向分工与纵向分工的著名观点。他认为，横向分工一般指具体农产品的连片种植、容易形成经营规模化，纵向分工指农产品种植环节可分，这样促进农业生产环节外包的生成，由纵向分工中的交易频率与横向分工中的交易密度促成了农业生产性服务的市场容量，容易形成服务规模化，扩大纵向分工与横向分工，能够扩大农业生产性服务市场容量，同时农业生产性服务又能促进分工深化。

本书认为，农机社会化服务具有分工效应，农机社会化服务动因之一是分工，同时农机社会化服务又能促进分工深化。

3.2.2 农户行为理论

农户行为理论非常经典，理论成果丰硕，最著名的农户行为理论有三种：一是恰亚诺夫（1996）的组织与生产学派，二是舒尔茨（1964）的理性小农学派，三是黄宗智（1986）的历史学派。

恰亚诺夫在其经典著作《农民经济组织》中阐述，农户从事农业生产既追求家庭消费需求，又考虑劳动辛苦程度，农业生产主体是家庭成员，而不是雇佣劳动力。农户的生产目的是家庭效用的最大化，不是利润的最大化。

舒尔茨在其代表作《改造传统农业》中提出，农户都是理性经济人，追求经济利益最大化，并提出了"贫穷但有效率"的假说，舒尔茨认为，虽然农户收入低下，但农户的生产要素配置达到了帕累托最优效应，实现了成本最小化、利润最大化的目标，从而否定了"贫穷社会中部分农业劳动力的边际生产效率为零"的论断，因此提出传统农业社会要素资源配置效率并不低下，改造传统农业需要引进现代生产要素的观点。

黄宗智在他的著作《华北的小农经济与社会变迁》中，提出"内卷化"和"过密化"理论来解释农户的生产行为。他认为，中国国情是人多地少，人均耕地面积有限，导致农业劳动力出现剩余现象；而且非农就业机会缺乏，农业剩余劳动力只能依附于小农经济中。因此，在耕地不足和非农就业机会尚少的双重约束下，即使边际报酬为零，农户仍有可能不断地投入劳动，于是出现了"农业内卷"及"农业过密"现象（黄宗智，1986），多年后黄宗智（2020）重申他的内卷化及过密化观点，依然认为中国主体上是小农经济，适合中国农业的发展道路是依赖化肥、科学选种等现代投入的劳动与机械资本双密集化的现代化模式，而不是英国和美国的节省劳动力的高度机械化的资本主义农场模式。

本书认为，农户作为理性经济人，从事农业生产时普遍追求家庭利益最大化。因此，农户对农机社会化服务的采纳行为及采纳程度，是在一定的资源禀赋条件下，对成本与收益进行比较后做出的最理性的选择。

3.2.3 生产要素理论

威廉·配第（William Petty）最早提出生产要素这一概念，他认为土地是财富之母，而劳动则为财富之父，被马克思誉为"政治经济学之父"。法国经济学家萨伊首次系统论述了生产要素的构成，他认为生产要素由资本、劳动和自然力构成。19世纪中叶，古典经济学家约翰穆勒在继承前人观点的基础上，将生产要素归结为土地、劳动和资本。

根据于立和王建林（2020）的总结归纳，生产要素理论有以下几种：①一要素论，主要强调劳动的作用。②两要素论，重视劳动与资本的结合，C-D生产函数就表述了两要素论。③三要素论，强调劳动和资本的同时，加上土地或技术。较多的经济增长模型属于这一类。④四要素论，即在三要素论基础上，再加上企业家才能或管理。⑤五要素论，即土地、劳动、资本、技术、数据五大要素。⑥七要素论，指劳动、资本、土地、知识、技术、管理、数据七种生产要素。

本书的要素指传统农业生产要素，包括劳动力、土地和资本，具体指农村劳动力转移、土地转入、农业资本投入。

3.2.4 诱致性技术创新理论

Hicks（1963）最早提出"诱致性发明"概念，他认为要素相对价格的变化导致新技术发明，这种新技术的发明被称为"诱致性发明"，随后，Kennedy（1964）将"诱致性发明"更名为"诱致性创新"。Ahmad（1966）在比较静态分析中引入了创新可能性曲线，构建了最初的诱致性技术创新的理论分析框架。由于 Hicks 和 Ahmad 贡献突出，这一分析框架被称为"希克斯—阿马德"诱致性技术创新理论。

在农业经济学领域，最著名的是 Hayami 和 Ruttan（1985）提出的诱致性技术创新理论，核心思想是，资源稀缺性变化所引起的要素相对价格发生变化诱导技术变革。如不同要素禀赋的国家实行不同的农业发展道路，既要发挥地区优势又要弥补劣势。"土地稀缺型"国家可以通过生物和化学进步来替代土地；"劳动力稀缺型"国家可以运用机械来替代劳动力投入。只有根据要素禀赋的条件，安排适宜的技术变迁路径，才能达到高效率的经济增长。

诱致性技术创新理论在中国得到了多位学者的验证及拓展，最早运用诱致性技术创新理论研究中国问题的学者是林毅夫，Lin（1991）的研究发现，任何国家的技术变革模式是由其要素禀赋结构所决定的，无论是在完全竞争的市场经济中，还是在土地和劳动力等要素的不被允许交易的环境中，要素禀赋结构对技术变革的影响是一致的。

吴丽丽等（2015）采用 1978—2012 年我国农业成本收益数据，运用二维空间相图增长分析法，分析了农业的增长路径、技术进步偏向及其变化，验证农业是否发生了速水—拉坦式的要素替代与诱致性技术变迁，研究发现，我国农业技术变革存在明显的诱致性偏向，劳动力成本上升促进劳动用工减少，农业生产有节约劳动倾向；同时，农业资本劳动比和机械劳动比逐年上升，农业"资本深化"迹象明显。

郑旭媛和徐志刚（2016）认为要素间的替代不仅取决于要素价格的相对关系，而且取决于要素替代的难易程度。要素替代的实现会受到资源禀赋的制约，地形直接影响机械替代劳动的难易度，该研究丰富了诱致性技术变迁理论中要素替代条件的内容，拓展了劳动力成本上升背景下中国区域粮食生产变迁的异质性方面内容，强化了诱致性技术变迁理论的解释力。该研究认为坡耕地比例较高的地区，机械难以替代劳动，会抑制劳动力成本上升促进农业机械投入增加的作用。如江苏、山东以平原为主，容易通过机械化实现机械对劳动的替代，农户会扩大粮食作物种植面积；浙江、福建和广东三地多山，耕地多为坡耕地，粮食生产机械化较难推进，农户会降低粮食种植面积。

周晓时（2017）基于全国 30 个省份的面板数据，研究农业劳动力转移对农业机械化进程的影响，分析劳动力转移通过替代效应和收入效应促进农业机械化进程，验证了诱致性技术变迁理论在中国的适用性。

根据诱致性技术创新理论的重要观点"要素替代"，本书认为农机社会化服务通过农业机械替代农业劳动力，农业机械体现的技术进步促进农业生产效率。

3.3　理论分析

3.3.1　农机社会化服务对要素配置的影响

本书将根据分工理论、农户行为理论、生产要素理论、诱致性技术创新理论，首先分析农机社会化服务对要素配置总体的影响机制，然后重点探究农机社会化服务对劳动力转移、土地转入、农业资本投入的影响机制，具体是农机社会化服务通过分工效应、收入效应、技术效应、替代效应促进农户生产要素的合理配置，核心是替代效应。

中国农户的要素配置扭曲比较严重，且存在地区差异，改善农户的要素配置效率对于粮食安全保障具有重要意义，非农就业机会能促进农户的劳动配置效率改善，土地转入能同时改善资本和劳动的配置效率（朱喜等，2011），劳动力兼业能极大提高劳动生产率，农业机械投入和种子农药化肥的投入配置合理将促进农民增收。

如何衡量农户要素配置是否合理，可以通过农户家庭纯收入和农户家庭成员幸福感指数来衡量，但由于影响农户收入与家庭成员幸福感的因素太多，很难计算出要素配置的作用，所以本书采用部分学者的衡量标准（杜鑫，2013；耿鹏鹏，2020；马俊凯、李光泗，2023），将要素配置分为三个维度，分别是劳动力配置、土地配置、资本配置。

农业生产要素配置的这三个维度的相互作用构成了要素配置这个整体。这些要素之间有什么关系吗？当农户家庭有劳动力转移现象，是否会促进农地转出？是否会增加农业资本投入？目前国内有不少学者研究这些要素关系：劳动力转移能促进土地流转（杨子砚、文峰，2020），显著影响农地转出（胡新艳、洪炜杰，2019），非农就业能促进农业资本投入（刘承芳等，2002），农户经营规模扩大会促使农户购买效率和价格更高的农业机械（张宗毅、杜志雄，2018），同时农业机械投入又能促进农地转入（杨子等，2019），农户在经营规模 100 亩左右会考虑购买农机（胡雯等，2019），生产性小农，化肥减施量与经营规模呈倒"U"形关系，功能性小农，化肥减施量与经营规模呈正向显著关系（张露、罗必良，2020）。

综合以上分析，本书认为要素配置是一个系统工程，任何两个生产要素都会相互影响，本书不关注传统农业生产要素之间的关系，关注的是农机社会化服务对要素配置的影响，主要是研究农机社会化服务采纳行为及采纳程度对农户家庭生产要素配置的影响，具体包括理论分析和实证检验，都是围绕农机社会化服务采纳行为及采纳程度对农户家庭劳动力转移、土地转入、农业资本投入的影响进行的。

农业社会化服务或农业生产性服务是一种新型生产要素（董欢、郭晓鸣，2014；仇童伟，2019；罗必良等，2021），这种新型生产要素可以促进农业传统生产要素的合理配置，农机社会化服务是农业社会化服务或农业生产性服务的重要内容。按照诱致性技术创新理论的观点，农机社会化服务通过机械替代劳动将促进非农就业和兼业，农机社会化服务通过机械节约劳动将促进农户有更多时间用于农业生产，转入土地，扩大经营规模，农机社会化服务通过替代农业资本投入，减少农户在农业机械固定资产和种子农药化肥等消耗性资本的投入。

根据分工理论，农业生产环节的可分性促成了农机社会化服务的产生，农机社会化服务促进了农业分工的深化，农户对农机社会化服务的可得性提高和依赖性增强，农机社会化服务能缓解农业生产过程中的劳动力、土地、资金约束，这同时体现了农机社会化服务的替代效应和技术效应。

当农户采纳农机社会化服务，服务发挥替代效应，会节约农业劳动力，家庭劳动力将有剩余，剩余劳动力会选择休闲、外出务工或兼业，如果不采纳农机服务，那农户将付出更多时间和劳动力在农产品种植上；当农户选择务工，将土地全部转出，则不是真正的农户，不在本书研究对象范围内，当农户选择务工，将土地全部托管或进行生产环节外包，实际上是采纳了农业社会化服务。当农户转出部分土地，如果农户具备能力经营现有土地，可能不购买农机服务，如果农户想获得休闲时间或农户身体健康状况不佳，可能选择购买农机服务。

当农户采纳农机社会化服务，服务发挥替代效应，通过减少单位面积劳动力投入来节约劳动力，激励有留农意愿且有务农优势的农户转入土地，扩大经营规模（陈江华等，2021；阮若卉、陈江华，2023），农机服务替代劳动力，农户家庭将有更多时间和精力投入农业生产，促进农业经营规模。

当农户采纳农机社会化服务，服务发挥替代效应和技术效应，可能减少农业资本的投入，如无人机打药比人工打药效率更高，尤其是规模连片经营的主要农产品适合采用无人机打药形式，可以减少农药施用量，降低对生态的破坏作用。当农户购买了农机服务，农户在机械直播上的种子选用、再生稻种子的选用、水稻早中晚稻种子的选用等问题都可以向农机服务组织咨询，由于农机服务组织在粮食生产上采用更多科学的方法，农机服务组织会科学计算一亩地需要多少农药化肥，如水稻的早中晚稻分别需要打药施肥多少次，每次的用量，这样不仅农业生产成本降低了，同时农药化肥的减量还改善了生态环境。

按照农户行为理论的观点，农户的农机社会化服务采纳行为与采纳程度都是为了追求家庭利益最大化，家庭利益不仅包括家庭纯收入，还包括闲暇、幸福感等福利因素。农户在追求家庭效益最大化过程中，会对家庭生产要素进行合理配置。当纯农户采纳农机社会化服务，由于农机服务的替代劳动力效应，纯农户可能会选择扩大经营规模，增加种子农药化肥的投入，经营规模达到一定程度会考虑进行固定资本投入，如选择购买农业机械，当兼业农户采纳农机社会化服务，可能促进非农就业人数增加，或可能促进土地转入，扩大经营规模，这两种情况都会增加家庭收入，是否会促进农业资本投入？当纯农户和兼业农户不采纳农机社会化服务，不扩大经营规模概率更高，也可能扩大经营规模，扩大经营规模的农户会考虑购买农业机械。

综上，农业生产各环节采纳农机社会化服务体现了农机服务的分工效应和技术效应，分工效应和技术效应通过农机社会化服务的劳动力替代效应实现，农机社会化服务通过促进劳动力转移和土地转入、减少农业投入体现收入效应，收入效应的实现依赖农机社会化服务的劳动力替代效应，所以核心是农机社会化服务的替代效应。

基于上述理论分析，本书构建了"服务采纳—替代效应—要素配置"的理论分析框架（图3-1）。即农机社会化服务主要通过替代效应，改变了农户劳

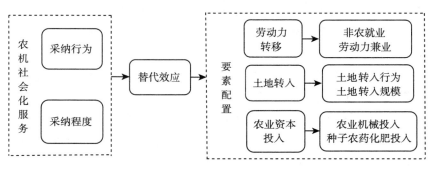

图 3-1 理论分析框架

动力、土地、资本等生产要素配置，促进劳动力转移、土地转入、减少农业资本投入。

3.3.2　农机社会化服务对农村劳动力转移的影响

农机社会化服务具有分工效应。农机社会化服务因分工而产生，同时又促进分工的加深，水稻种植环节的可分性促进农机社会化服务的发展，农机服务的发展让水稻种植环节分工更加深入，水稻生产的整地、播种、育秧、栽插、灌溉、施肥、打药、收割等环节都有相应的农业机械化服务作业，工厂化育秧、机械直播、机械插秧、无人机打药等农机服务也在不断发展中，促进了农户对农机服务的可得性，这是农机社会化服务的分工效应。因为农业生产环节的可分性，农户可以将农业生产部分环节进行外包或进行农业生产托管，节约了劳动力，农户家庭可能出现劳动力剩余，剩余劳动力可能转移到城市第二、第三产业或农村非农领域工作。

农机社会化服务具有收入效应，农业收入是直接收入效应，非农就业获得的收入属于间接收入效应。从农户行为理论来看，农户追求家庭利益最大化，采纳农机社会化服务能够节约劳动，当家庭劳动力数量正好满足农业生产需求时，农民将投入到农业生产，提高农业生产率，提高农业收入；当家庭劳动力数量大于农业生产需求时，剩余劳动力将转移到第二、第三产业（Lewis，1954），促进非农就业或兼业，提高非农收入；当家庭劳动力数量小于农业生产需求时，农机社会化服务发挥劳动力替代作用，弥补劳动力不足，改变农业生产要素配置（王玉斌、赵培芳，2022），从追求家庭收入最大化来看，农户会合理配置劳动力资源，促进农户收入增长。

农机社会化服务具有技术效应。当农户购买农机服务，实际上就是农机手操作农业机械，提供农业机械服务，将农业技术带给农户，农户享受了技术进步带来的农业效率的提升，从这个角度来说，农机社会化服务有技术效应，不仅提高了农业生产效率，还节省了劳动力和时间，农户可能存在剩余劳动力，剩余劳动力可能选择外出务工或兼业。

农机社会化服务具有替代效应。一方面，诱致性技术创新理论提出，资源稀缺性变化所引起的要素相对价格发生变化（Hayami & Ruttan，1985），当农机社会化服务价格低于雇佣劳动力价格，农户会选择购买农机服务。农机服务通过农业机械替代人力，提高作业效率，节省劳动力，促进剩余劳动力转移到外地，另一方面，机械购置比较昂贵，购买机械服务就是一种替代方式（Sims & Kienzle，2016）。农业机械应用可以通过降低每亩农业劳动力投入促进农村劳动力转移（陈江华等，2021）。

农机社会化服务的分工效应、收入效应、技术效应都通过替代效应实现，所以农机社会化服务促进非农就业和兼业的关键机制是替代效应，即替代劳动力、减少单位土地农业劳动力投入。

基于上述分析，构建农机社会化服务对农村劳动力转移影响的理论框架，如图3-2所示：

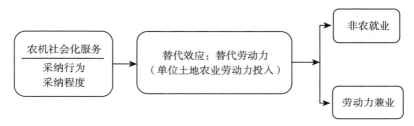

图3-2 农机社会化服务对劳动力转移影响的理论框架

3.3.3 农机社会化服务对土地转入的影响

根据分工理论，农业生产环节的可分性促进了农机社会化服务的发展，农户农机服务可获得性提高，农户可以在农忙季节专注农业生产，转入土地，扩大经营规模，采纳农机社会化服务，服务规模经营与土地规模经营是适度规模经营的两种形式，是实现农业现代化的重要路径（罗必良、李尚蒲，2018）。

根据农户行为理论，农户追求利益最大化，农机服务通过替代劳动让农户有时间和精力专注农业生产，扩大经营规模，增加农业收入，促进农民增收，又可以通过节省农户自行购买农机所需资金，缓解资金约束从而促进土地经营规模（朱建军等，2023）。

根据农业生产要素理论，相对于劳动力、土地、资本传统生产要素而言，农机社会化服务是新型生产要素。农机社会化服务这种新型生产要素具有技术效应，当农户购买农机服务，可以享受农业机械带来的技术进步，节约劳动力和时间，当农户具有农业经营比较优势，愿意将采纳农机服务节约的劳动力和时间投入到农业生产中去，农户将会扩大经营规模，转入土地。

根据诱致性技术创新理论，农机社会化服务具有替代效应，农机社会化服务能节约劳动力，当一个家庭出现劳动力剩余，有多种方式去利用剩余劳动力，一是外出务工，二是扩大土地经营规模。农机社会化服务通过减少单位面积劳动力投入来节约劳动力，激励有留农意愿且有务农优势的农户转入土地，扩大经营规模（陈江华等，2021；阮若卉、陈江华，2023）。同时农机社会化服务需要农机手操作农机，农业机械化是一种技术进步，能提高劳动生产率和土地生产率，农业社会化服务能通过缓解劳动力和技术约束促进土地转入，促进土地规模经营的发展（杨子等，2019）。

基于上述分析，构建农机社会化服务对土地转入影响的理论框架，如图3-3所示：

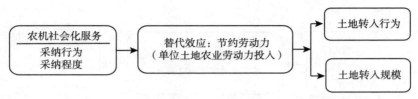

图3-3　农机社会化服务对土地转入影响的理论框架

3.3.4　农机社会化服务对农业资本投入的影响

按照诱致性技术创新理论核心观点：相对稀缺的要素因为昂贵容易被相对丰富的要素所取代，中国国情是大国小农，对于小农户来说，购买农业机械容易受到资金的约束，即使购买了农机也容易产生投资锁定效益和沉没成本（罗必良，2017），所以小农户更愿意购买农机服务，规模农户才选择购买农机（陈昭玖、胡雯，2016b）。自购农机和购买农机服务是农业机械化的两种形式，它们具有替代效应，当购买农机服务与购买农机相比成本更低时，农户倾向于购买农机服务，农机社会化服务是利用农业专业化组织或私人拥有的农机所提供的服务，农机社会化服务能减少资金投入、节约劳动力、让农户获得闲暇时间，拥有更健康的身体素质（陈江华等，2021）。

从农户行为学角度来看，采纳农机社会化服务是农户追求效益最大化的目标。我国小农户居多，与购买农机相比，他们更愿意购买农机服务，因为小农户受到资金约束，同时考虑到农机的投资锁定与沉没成本，农机社会化服务采纳不仅节约农业机械投入费用，还能节约劳动力，让农户获得闲暇时间。

采纳农机社会化服务或参与服务外包均能够显著降低农户化肥施用量（张露、罗必良，2020；张梦玲等，2022），服务规模经营是农业减量的重要路径选择，农户的服务外包或社会服务程度越深，越能够增强地块规模、经营规模和连片规模扩大对化肥减施的促进作用（张露、罗必良，2019）。农业社会化服务还能通过劳动力非农就业（张梦玲等，2022）和农户收入的增加（朱建军等，2023）促进化肥的减量施用，农业机械对肥料有替代效应（孔祥智等，

2018）。农业社会化服务能够显著促进农户采纳农药减量行为（石志恒、符越，2022）。

基于上述分析，构建农机社会化服务对农业资本投入影响的理论分析框架，如图 3-4 所示：

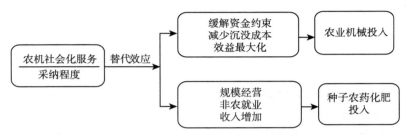

图 3-4　农机社会化服务对农业资本投入影响的理论分析框架

4 | 数据来源与样本描述

本研究数据来源于课题组 2021 年 12 月至 2022 年 7 月对江西省水稻种植户的实地调查，选择江西省的原因如下：①江西省位于中国南部，水资源丰富，土壤肥力充足，气候适宜，平均气温 17～19℃，为水稻种植和生长提供了良好条件。②江西省是中国最重要的粮食产区之一。水稻常年播种面积约占粮食作物播种面积的 85%～90%，水稻总产量约占粮食总产量的 95%。江西省以 2.3% 的耕地生产了 3.25% 的粮食。每年向全国转移粮食 50 亿千克，为中国粮食安全做出了突出贡献。2021 年，江西省水稻产量为 2 073.9 万吨，居全国第三位。③江西省农机社会化服务业正在发展。许多农民在水稻种植中购买农机服务，在整地和收割两个环节购买农机社会化服务的比率很高，但在育秧、播种、施肥和打药等环节的农机服务购买率却偏低，这与中国的情况相似，因此江西省具有代表性。本章将从调研过程、调研内容、样本分布与样本描述四个方面进行阐述。

4.1 调研过程

为提高调研效果，课题组开展了以下调研工作：①设计调查问卷。课题组查阅大量文献资料，了解水稻种植各生产环节的主要特征，以及在这些环节农户采纳农机社会化服务状况，经过团队成员多次交流沟通，最终设计了本研究的调查问卷。②确定调查对象。本书是研究农机社会化服务对要素配置的影响，主要考察农机社会化服务对劳动力转移、土地转入、农业资本投入的影响，因为江西是水稻种植大省，水稻生产的农机社会化服务采纳情况具有一定代表性，所以将江西水稻种植户作为调查对象。③开展预调研。为保证正式调研有良好效果，课题组选择部分区域，根据预调研的问卷内容进行一对一访谈，课题组总结归纳哪些问题还需要调整表述，哪些问题需要增加或减少。④根据预调研结果修订问卷，预调研是提高正式调研效果的良好方式，经过预调研，对问卷设计的问题进行调整，既能准确表达意思，又能让调研员和农户很好地理解。⑤招募调研员并培训。首先在学校经济管理学院范围内招募，将具备一定经济管理类知识的研究生和本科生招募为调研员，然后向调研员解读问卷内容，帮助调研员理解问卷每个问题及选项的真正含义。⑥组织正式调研。由具备"三农"知识和调研经验丰富的调研员带队，带领各组组员在分配的调研区域进行实地调研，面向水稻种植户进行一对一访谈。⑦回收问卷。统一回收调研员的纸质版和电子版问卷，核查纸质版和电子版问卷内容，发现问题及时调整。⑧汇总问卷。最后将全部问卷内容在 Excel 汇总，就形成了调研样本数据。

4.2　调研内容

本调研问卷包括四个方面的内容：第一部分为水稻种植决策者个人特征，包括年龄、性别、文化程度、健康状况、风险偏好等内容。第二部分为农户家庭特征，包括家庭成员是否有党员、劳动力人数、农业劳动力人数，非农就业人数、兼业人数、家庭总收入、农业收入等内容。第三部分为水稻生产经营特征，包括农户的水稻种植面积、种植年限、土地转入情况、土地连片程度等内容。第四部分为村庄特征，包括是否为城郊村、地形、交通便利程度等内容。

4.3　样本分布

课题组综合考虑了江西省县域经济发展水平和地理环境等因素，按经济发展水平将江西省 100 个县（市、区）分为高、中、低 3 个不同区域，并利用随机抽样方式在每个区域里选取 10 个县，从 30 个县（市、区）中每个随机抽取 2 个乡镇，每个乡镇随机抽取 2 个村，每个村随机抽取 6～9 户水稻种植户。调研采取问卷调查形式，具体是调研员与农户面谈，此次调查共发放 800 份问卷，实际收回有效问卷 734 份，问卷有效率为 92%。样本地区分别为赣北地区的南昌市南昌县、新建区、进贤县，九江市庐山市、共青城市、德安县、永修县、武宁县；上饶市的鄱阳县、余干县、德兴市；宜春市袁州区、宜丰县、靖安县、奉新县、高安市、樟树市、丰城市；新余市渝水区；萍乡市上栗县；赣中地区的吉安市安福县、峡江县、新干县、永新县、遂川县；抚州市东乡区、崇仁县；赣南地区的赣州市赣县、南康区、于都县共 30 个县（市、区），覆盖江西省 9 个地级市，在赣北、赣中、赣南三个区域均有样本，地理区位分布合理。具体情况如表4-1所示。

表4-1 样本农户分布情况

地级市	县（市、区）	户数（户）	占比（％）
南昌市	南昌县	22	3.00
（83户，占比11.31％）	新建区	50	6.81
	进贤县	11	1.50
九江市	庐山市	8	1.09
（72户，占比9.81％）	共青城市	21	2.86
	德安县	16	2.18
	永修县	21	2.86
	武宁县	6	0.82
上饶市	鄱阳县	46	6.27
（74户，占比10.08％）	余干县	6	0.82
	德兴市	22	3.00
宜春市	袁州区	6	0.82
（180户，占比24.53％）	宜丰县	57	7.77
	靖安县	6	0.82
	奉新县	6	0.82
	高安市	47	6.40
	樟树市	7	0.95
	丰城市	51	6.95
新余市	渝水区	66	8.99
（66户，占比8.99％）			
萍乡市	上栗县	21	2.86
（21户，占比2.86％）			
吉安市	安福县	8	1.09
（90户，占比12.26％）	峡江县	35	4.77
	新干县	22	3.00
	永新县	15	2.04
	遂川县	10	1.36
抚州市	东乡区	14	1.91
（40户，占比5.45％）	崇仁县	26	3.54
赣州市	赣县	19	2.59
（108户，占比14.71％）	南康区	12	1.63
	于都县	77	10.49
合计	30	734	100.00

4.4 样本描述

4.4.1 农户决策者个体特征

表 4-2 显示了水稻种植决策者个体特征，在 734 个样本中，水稻种植决策者情况如下：

决策者性别。主要为男性，703 人，占比为 95.78%；女性 31 人，占比为 4.22%。

决策者年龄。年龄在 45 岁及以上的有 661 人，占比 90.05%；年龄在 45 岁以下的占比 9.95%，水稻种植决策者主要以中老年劳动力为主。

决策者受教育程度。农户文化水平大部分处于初中及以下，占比 84.60%；文化水平处于高中、中专、技校、职高的占比 13.08%；文化水平处于大专及以上的占比 2.32%。

决策者的健康状况。健康状况为好、中、差的分别占比 82.29%、15.26%、2.45%，绝大部分农户健康状况良好。

决策者的风险偏好。一半以上的农户属于风险规避型，占比 57.08%；33.11% 的农户属于风险中立型；9.81% 的农户属于风险偏好型。

表 4-2 水稻种植决策者个体特征

变量	说明	人数（人）	占比（%）
性别	男	703	95.78
	女	31	4.22
年龄	小于 45 岁	73	9.95
	45~64 岁	483	65.80
	65 岁以上	178	24.25
受教育程度	小学及以下	319	43.46
	初中	302	41.14
	高中/中专/技校/职高	96	13.08
	大专及以上	17	2.32
健康状况	好	604	82.29
	中	112	15.26
	差	18	2.45
风险偏好	风险偏好	72	9.81
	风险中立	243	33.11
	风险规避	419	57.08

4.4.2　农户家庭特征

表 4-3 显示了水稻种植户的家庭特征，包括劳动力人数、农业劳动力人数、非农就业人数、兼业人数。191 户有党员，占比 26.02%，543 户没有党员，占比 73.98%。

农户家庭的劳动力人数。家庭劳动力人数为 2 人、3 人、4 人的分别占比 34.33%、25.75%和 32.15%；家庭劳动力为 1 人和 5 人及以上的占比最少，分别为 2.04%和 5.72%。

农户家庭的农业劳动力人数。农业劳动力为 2 人的占比最多，为 67.17%；其次为农业劳动力为 1 人，占比 22.62%；占比最少的为农业劳动力人数为 3 人及以上，占比 10.21%。

农户家庭的非农就业人数。非农就业人数为 2 人的占比最高，为 29.02%。

农户的兼业状况。66.62%的农户存在兼业行为；33.38%的不存在兼业行为。

农户家庭的总收入。家庭总收入小于或等于 1 万元的占比 9.67%；1 万～5 万元和 5 万～10 万元的分别占比 43.19%和 28.88%；大于 10 万元的占比为 18.26%。

农户家庭的农业收入。占比最高的区间为 1 万～5 万元，占比为 46.46%；占比在小于或等于 1 万元、5 万～10 万元，以及大于 10 万元的分别占比 44.14%、7.63%和 1.77%。

表 4-3　水稻种植户家庭特征

变量	说明	户数（户）	占比（%）
党员	家庭有中共党员	191	26.02
	家庭没有中共党员	543	73.98
劳动力人数	1 人	15	2.04
	2 人	252	34.33
	3 人	189	25.75
	4 人	236	32.15
	5 人	34	4.63
	6 人	7	0.95
	7 人	1	0.14

（续）

变量	说明	户数（户）	占比（%）
农业劳动力人数	1 人	166	22.62
	2 人	493	67.17
	3 人	57	7.77
	4 人	16	2.18
	5 人	2	0.27
非农就业人数	0 人	101	13.76
	1 人	169	23.02
	2 人	213	29.02
	3 人	203	27.66
	4 人	43	5.86
	5 人	4	0.54
	6 人	1	0.14
兼业人数	0 人	245	33.38
	1 人	432	58.86
	2 人	56	7.62
	3 人	1	0.14
家庭总收入	小于等于 1 万元	71	9.67
	1 万~5 万元	317	43.19
	5 万~10 万元	212	28.88
	大于 10 万元	134	18.26
农业收入	小于等于 1 万元	324	44.14
	1 万~5 万元	341	46.46
	5 万~10 万元	56	7.63
	大于 10 万元	13	1.77

4.4.3　农户生产经营特征

表 4-4 显示了水稻种植户的生产经营特征，包括种植面积、种植年限、土地转入数量、土地连片程度。

种植面积。其中小于等于 10 亩种植面积的农户家庭占比最高，为 42.92%，10~20 亩农户家庭占比其次，为 23.02%，种植面积均值为 18.42 亩。

种植年限。种植年限为 30～40 年的占比最高，为 25.89%，种植年限为 20～30 年的占比其次，为 21.39%，种植年限为 10～20 年的占比为 17.71%，说明水稻种植户绝大部分都是种植经验丰富。

土地转入数量。未转入土地农户占比 35.69%，转入土地小于等于 10 亩的农户占比为 25.07%，土地转入率均值为 0.42。

土地连片程度。土地都连片、部分连片、较为分散、很分散，分别占比为 20.84%、35.83%、30.38%、12.94%，土地连片程度均值为 2.65，绝大部分土地都是连片或部分连片。

表 4-4　水稻生产经营特征

变量	说明	户数（户）	占比（%）
种植面积	小于等于 10 亩	315	42.92
	10～20 亩	169	23.02
	20～30 亩	96	13.08
	30～40 亩	75	10.22
	40 亩以上	79	10.76
种植年限	小于等于 10 年	109	14.85
	10～20 年	130	17.71
	20～30 年	157	21.39
	30～40 年	190	25.89
	40～50 年	117	15.94
	50～60 年	29	3.95
	60～70 年	2	0.27
土地转入数量	0 亩	262	35.69
	小于等于 10 亩	184	25.07
	10～20 亩	127	17.30
	20～30 亩	58	7.90
	30～40 亩	51	6.95
	大于 40 亩	52	7.08
土地连片程度	很分散	95	12.94
	较为分散	223	30.38
	部分连片	263	35.83
	都连片	153	20.84

4.4.4　农户村庄特征

表 4-5 显示了水稻种植户的村庄特征，包括村庄交通条件、村庄地形、村庄是否为城郊村。

村庄交通条件。交通条件很好、较好、一般、较差、很差，所占比例分别为 17.85％、47.55％、26.29％、7.22％、1.09％，说明大部分水稻种植户所在村庄交通条件较好。

村庄地形。山地、丘陵、平原，所占比例分别为 9.54 ％、42.23％、48.23％，平原所占比例最高。

村庄是否为城郊村。城郊村占比 6.40％、非城郊村占比 93.60％，说明大部分水稻种植户都居住在非城郊村。

表 4-5　村庄特征

变量	说明	户数（户）	占比（％）
交通条件	很差	8	1.09
	较差	53	7.22
	一般	193	26.29
	较好	349	47.55
	很好	131	17.85
地形	山地	70	9.54
	丘陵	310	42.23
	平原	354	48.23
是否为城郊村	是	47	6.40
	否	687	93.60

4.4.5　农户采纳农机社会化服务状况

表 4-6 显示了样本农户农机社会化服务采纳行为与采纳程度状况，采纳农机社会化服务的农户占比为 79.70％，未采纳农机社会化服务的农户占比为 20.30％，说明绝大部分农户采纳了农机社会化服务，但农机社会化服务采纳程度偏低，均值为 0.20，农户采纳农机社会化服务环节数为 1 和 2 的比例总和超过一半，具体采纳环节主要集中在整地和收割两个环节，从表 4-7 可知，将江西按区域分为赣北、赣中、赣南，发现赣中在农机社会化服务采纳行为与采纳程度两方面的均值都高于赣北和赣南。

表 4-6　采纳农机社会化服务情况

变量	说明	户数（户）	占比（%）
是否采纳农机社会化服务	是	585	79.70
	否	149	20.30
采纳农机社会化服务环节数	0	149	20.30
	1	181	24.66
	2	270	36.78
	3	99	13.49
	4	21	2.86
	5	11	1.50
	6	1	0.14
	7	2	0.27
	8	0	0.00
采纳农机社会化服务程度	0	149	20.30
	0.125	181	24.66
	0.25	270	36.78
	0.375	99	13.49
	0.5	21	2.86
	0.625	11	1.50
	0.75	1	0.14
	0.875	2	0.27
	1	0	0.00

表 4-7　赣北、赣中、赣南农机社会化服务采纳情况

区域、变量	农机社会化服务采纳行为		农机社会化服务采纳程度	
	均值	标准差	均值	标准差
赣北	0.752	0.432	0.194	0.154
赣中	0.938	0.241	0.237	0.135
赣南	0.843	0.366	0.188	0.119

4.4.6　农户农业资本投入状况

表 4-8 显示了样本农户农业资本投入状况，购买农业机械农户占比

42.37％，未购买农业机械农户占比57.63％，说明大部分农户未购买农业机械，亩均农业机械费用为458.41元。从亩均种子、农药、化肥总体费用来看，均值363.14元，将其分成种子费用、农药费用、化肥费用，均值分别为116.37元、96.39元、150.38元。

表4-8　农业资本投入情况

变量	说明	户数（户）	占比（%）
农业机械是否购买	是	311	42.37
	否	423	57.63
亩均农业机械费用	0元	423	57.63
	均值458.41元及以下	651	88.69
	均值458.41元以上	83	11.31
亩均种子、农药、化肥费用	均值363.14元及以下	394	53.68
	均值363.14元以上	340	46.32
亩均种子费用	均值116.37元及以下	402	54.77
	均值116.37元以上	332	45.23
亩均农药费用	均值96.39元及以下	376	51.23
	均值96.39元以上	358	48.77
亩均化肥费用	均值150.38元及以下	417	56.81
	均值150.38元以上	317	43.19

4.4.7　变量定义与描述性统计分析

表4-9显示了本书所有变量的类型、名称、测度、均值、标准差，其中因变量包括非农就业、兼业、土地转入行为、土地转入规模、农业机械投入、种子农药化肥投入；自变量包括农机社会化服务采纳行为、农机社会化服务采纳程度；中介变量是单位土地农业劳动力投入；工具变量包括村庄其他人员采纳农机社会化服务行为的均值、村庄其他人员采纳农机社会化服务程度的均值；控制变量包括决策者性别、年龄、受教育程度、健康状况、风险偏好、家中是否有党员、劳动力人数、种植面积、种植年限、土地连片程度、村庄是否城郊村、村庄地形、村庄交通便利程度。

表4-9 变量定义与描述性分析

变量类型	变量名称	变量测度	均值	标准差
因变量	非农就业	非农劳动力人数占劳动力人数的比例	0.61	0.32
	兼业	兼业人数占劳动力人数的比例	0.27	0.26
	土地转入行为	转入人土地=1, 未转入土地=0	0.61	0.49
	土地转入规模	土地转入面积与总经营面积的比值（土地转入率）	0.42	0.38
	农机投入	亩均农业机械费用加1取对数	2.48	2.98
	种子农药化肥投入	种子, 农药, 化肥费用加1取对数	5.85	0.32
自变量	是否采纳农机社会化服务	农户在水稻种植过程中是否采纳农业机械化社会服务	0.80	0.40
	农机社会化服务采纳程度	采纳环节数占种植环节总数的比例	0.20	0.15
中介变量	单位土地农业劳动力投入	农业劳动力人数与水稻种植面积之比	0.26	0.33
工具变量	村庄其他人员采纳农机社会化服务行为的均值	村庄其他人员采纳农机社会化服务行为的均值	0.79	0.30
	村庄其他人员采纳农机社会化服务程度的均值	村庄其他人员采纳农机社会化服务程度的均值	0.20	0.09
控制变量 个人特征	性别	水稻种植决策者性别: 男=1, 女=0	0.96	0.20
	年龄	水稻种植决策者实际年龄	56.65	9.69
	受教育程度	水稻种植决策者受教育程度: 1=小学及以下, 2=初中, 3=高中/中专/技校/职高, 4=大专, 5=大学本科及以上	1.74	0.77
	健康状况	水稻种植决策者健康状况: 1=无劳动能力, 2=差, 3=中, 4=良, 5=优	4.23	0.80
	风险偏好	水稻种植决策者风险偏好: 1=风险规避; 2=风险中立; 3=风险偏好	1.53	0.67
家庭特征	党员	家庭是否有中共党员: 是=1, 否=0	0.26	0.44
	劳动力人数	家庭劳动力实际数量	3.06	1.02
	种植面积	水稻种植面积（亩）	18.42	15.08
	种植年限	水稻种植实际年限	29.69	14.54
村庄特征	土地连片程度	1=很分散; 2=较为分散; 3=部分连片; 4=都连片	2.65	0.95
	村庄是否城郊村	是=1, 否=0	0.06	0.24
	村庄地形	1=山地; 2=丘陵; 3=平原	2.39	0.65
	村庄交通便利程度	1=很差; 2=较差; 3=一般; 4=较好; 5=很好	3.74	0.87

4.4.8 样本差异性比较

为了考察农机社会化服务行为和劳动力转移、土地转入、农业资本投入的关系，本书按是否采纳农机社会化服务，将农户分为采纳组和未采纳组，对两组农户进行组间差异比较，分析两个观测组农户家庭的非农就业、兼业、土地转入行为、土地转入规模、农业机械投入、种子农药化肥投入是否存在显著差异。从表4-10、表4-11可知，采纳农机社会化服务的农户家庭在非农就业、兼业、土地转入行为、土地转入规模方面均值都更高，采纳农机社会化服务的农户家庭在农业机械投入和种子农药化肥投入的费用都更低。

表4-10 农机社会化服务采纳行为的劳动力转移与土地转入差异性比较

指标	非农就业		兼业		土地转入行为		土地转入规模	
是否采纳农机社会化服务	采纳	未采纳	采纳	未采纳	采纳	未采纳	采纳	未采纳
平均值	0.642	0.461	0.303	0.148	0.652	0.446	0.443	0.309
标准差	0.314	0.294	0.247	0.278	0.477	0.499	0.372	0.381

表4-11 农机社会化服务采纳行为的农业资本投入差异性比较

指标	农业机械投入		种子农药化肥投入	
是否采纳农机社会化服务	采纳	未采纳	采纳	未采纳
平均值	2.476	2.498	5.832	5.902
标准差	2.961	3.060	0.312	0.353

为进一步分析样本差异性，本书采用独立样本t检验来分析采纳组与未采纳组在非农就业、兼业、土地转入行为、土地转入规模、种子农药化肥投入方面是否存在显著组间差异。从表4-12、表4-13、表4-14、表4-15、表4-16可知，采纳农机社会化服务的农户与未采纳农机社会化服务的农户在非农就业、兼业、土地转入行为、土地转入规模、种子农药化肥投入方面均存在显著差异。

表4-12 农机社会化服务行为与非农就业的独立样本t检验

类型	样本数	平均值	标准误	样本标准差	95%置信区间	
未采纳农机社会化服务	149	0.461	0.024	0.294	0.414	0.509
采纳农机社会化服务	585	0.642	0.013	0.314	0.617	0.668

（续）

类型	样本数	平均值	标准误	样本标准差	95％置信区间	
合计	734	0.606	0.012	0.318	0.583	0.629
diff		−0.181	0.029		−0.237	−0.125

diff＝mean（0）−mean（1） $t=-6.353$

Ho：diff＝0 degrees of freedom＝732

Ha：diff＜0 Ha：diff＝0 Ha：diff＞0

Pr（$T<t$）＝0.000 Pr（｜T｜＞[t]）＝0.000 Pr（$T>t$）＝1.000

表 4-13 农机社会化服务行为与兼业的独立样本 t 检验

类型	样本数	平均值	标准误	样本标准差	95％置信区间	
未采纳农机社会化服务	149	0.148	0.023	0.278	0.103	0.193
采纳农机社会化服务	585	0.303	0.010	0.247	0.283	0.323
合计	734	0.272	0.010	0.261	0.253	0.291
diff		−0.155	0.023		−0.201	−0.109

diff＝mean（0）−mean（1） $t=-6.658$

Ho：diff＝0 degrees of freedom＝732

Ha：diff＜0 Ha：diff＝0 Ha：diff＞0

Pr（$T<t$）＝0.000 Pr（｜T｜＞[t]）＝0.000 Pr（$T>t$）＝1.000

表 4-14 农机社会化服务行为与土地转入行为的独立样本 t 检验

类型	样本数	平均值	标准误	样本标准差	95％置信区间	
未采纳农机社会化服务	149	0.446	0.041	0.499	0.365	0.527
采纳农机社会化服务	585	0.652	0.020	0.477	0.613	0.691
合计	734	0.610	0.018	0.488	0.575	0.646
diff		−0.206	0.044		−0.293	−0.119

diff＝mean（0）−mean（1） $t=-4.651$

Ho：diff＝0 degrees of freedom＝732

Ha：diff＜0 Ha：diff＝0 Ha：diff＞0

Pr（$T<t$）＝0.000 Pr（｜T｜＞[t]）＝0.000 Pr（$T>t$）＝1.000

表 4-15 农机社会化服务行为与土地转入规模的独立样本 t 检验

类型	样本数	平均值	标准误	样本标准差	95%置信区间	
未采纳农机社会化服务	149	0.309	0.031	0.381	0.247	0.370
采纳农机社会化服务	585	0.443	0.015	0.372	0.413	0.473
合计	734	0.416	0.014	0.377	0.388	0.443
diff		−0.134	0.034		−0.202	−0.067

diff＝mean（0）−mean（1）　　　　　　　　　　　　　　　　$t=-3.910$

Ho：diff＝0　　　　　　　　　　　　　　　　degrees of freedom＝732

Ha：diff＜0　　　　　　　　Ha：diff＝0　　　　　　　　Ha：diff＞0

Pr（$T<t$）＝0.000　　　　Pr（｜T｜＞[t]）＝0.000　　　　Pr（$T>t$）＝1.000

表 4-16 农机社会化服务行为与种子农药化肥投入的独立样本 t 检验

类型	样本数	平均值	标准误	样本标准差	95%置信区间	
未采纳农机社会化服务	149	5.902	0.029	0.353	5.844	5.959
采纳农机社会化服务	585	5.832	0.013	0.312	5.807	5.858
合计	734	5.846	0.012	0.322	5.823	5.870
diff		0.069	0.030		0.012	0.127

diff＝mean（0）−mean（1）　　　　　　　　　　　　　　　　$t=2.353$

Ho：diff＝0　　　　　　　　　　　　　　　　degrees of freedom＝732

Ha：diff＜0　　　　　　　　Ha：diff＝0　　　　　　　　Ha：diff＞0

Pr（$T<t$）＝0.991　　　　Pr（｜T｜＞[t]）＝0.019　　　　Pr（$T>t$）＝0.009

4.5 本章小结

本章内容主要分为四个部分，即调研过程、调研内容、样本分布和样本农户基本情况描述性统计分析。本章介绍了本书所使用数据的来源，阐述了江西省数据具有代表性的原因，调研过程如实反映了数据获取的重要过程。调研内容主要包括水稻种植决策者个人特征、农户家庭特征、水稻生产经营特征、村庄特征。样本覆盖江西省 9 个地级市，在赣北、赣中、赣南三个区域均有样本，地理区位分布合理，样本农户基本情况描述性统计分析包括问卷特征四个方面的内容，以下主要归纳本书核心自变量和因变量的情况。

（1）农机社会化服务采纳方面，734 个江西省水稻种植户样本中，有 585户采纳了农机社会化服务，占比 79.70％，农机社会化服务采纳程度平均值为

0.20，说明江西省农机社会化服务采纳程度偏低，农机社会化服务还有很大发展空间。

（2）非农就业与兼业方面，有 101 户没有非农就业人员，占比 13.76％，非农就业 1 人、2 人、3 人的农户数占比分别为 23.02％、29.02％、27.66％，非农就业人数 4 人及以上的农户数占比为 6.54％。从兼业来看，有 245 户没有兼业人员，占比 33.38％，兼业人数为 1 人、2 人、3 人农户数占比分别为 58.86％、7.62％、0.14％，非农就业与兼业均值分别为 0.61、0.27，说明劳动力转移和兼业仍有很大潜力。

（3）土地转入方面，未转入土地农户数 262 户，占比 35.69％，转入土地面积小于等于 10 亩的农户数占比 25.07％，转入 10～20 亩、20～30 亩、30～40 亩、40 亩以上的农户数占比分别为 17.30％、7.90％、6.95％、7.08％，土地转入行为均值 0.61，土地转入率均值为 0.42，说明土地转入速度偏慢，土地流转空间巨大。

（4）农业资本投入方面，购买农业机械农户占比 42.37％，未购买农业机械农户占比 57.63％，说明大部分农户未购买农业机械，亩均农业机械费用为 458.41 元，均值以下农户占比为 88.69％。从亩均种子农药化肥总体费用来看，均值 363.14 元，将其分为种子费用、农药费用、化肥费用，均值分别为 116.37 元、96.39 元、150.38 元。

（5）样本差异性比较方面，本书按是否采纳农机社会化服务，将农户分为采纳组和未采纳组，对两组农户进行组间差异比较，分别是两组均值差异比较和独立样本 t 检验。两组均值差异比较结果显示：采纳农机社会化服务的农户家庭在非农就业、兼业、土地转入行为、土地转入规模方面均值都更高，采纳农机社会化服务的农户家庭在农业机械投入和种子农药化肥投入的费用都更低。独立样本 t 检验结果显示：采纳农机社会化服务的农户与未采纳农机社会化服务的农户在非农就业、兼业、土地转入行为、土地转入规模、种子农药化肥投入方面均存在显著差异。

5 | 农机社会化服务对劳动力转移的影响

5.1 问题的提出

党的二十大报告提出，我国到 2035 年要基本实现新型工业化、信息化、城镇化、农业现代化。如何快速推进城镇化，农村劳动力转移到城市是关键。1978—2016 年，中国城市化率从 17.9% 提高到 56.8%，每年以 3.08% 的速度提高的城市化让劳动力得到了重新配置，但在 2017 年 2.87 亿农民工中，有 40.0% 转移到本乡镇内非农产业就业，兼顾农业生产；46.7% 离开本乡镇就业，其家庭其他成员仍然在农村务农；只有 13.3% 为举家外迁，这说明农村劳动力转移任重道远，城镇化率依然有很大提升空间（蔡昉，2018）。

农业资源配置的关键问题是如何高效地配置劳动力资源，关注机械和技术并提高其效率（钟甫宁，2021），劳动力资源的有效配置推动经济增长（盖庆恩等，2014），促进农民增收（李实，1999；Taylor et al.，2003；钟甫宁、何军，2007）。社会化服务采纳与技术要素的替代作用将优化农户家庭的劳动力配置（耿鹏鹏，2020）。促进劳动力转移有很多途径，如放松户籍管理制度、创造更多非农就业机会（钟甫宁、何军，2007）、城镇工业技术进步（程名望等，2006）等，其中农机社会化服务是一种很好的形式。发展农机社会化服务，不仅能缓解农忙季节农业劳动力短缺问题（姜长云，2016），还能促进劳动力转移（杨思雨，蔡海龙；2020）。党的二十大报告也提出要发展社会化服务。中国小农户与现代农业发展有机衔接的关键是农业服务的社会化（罗必良，2020）。

关于农机社会化服务对劳动力转移影响的研究，学者观点不一。大部分学者认为农机社会化服务能促进劳动力转移。杨思雨、蔡海龙（2020）利用中国 11 省的农户调查数据，研究发现农机社会化服务能促进劳动力转移，但效果具有环节异质性。郑旭媛、林庆林（2021）认为，生产外包服务发展对村庄劳动力非农化配置有显著正向影响。宦梅丽等（2022）的研究表明，农机服务能替代农业劳动力并诱发农业劳动力外出务工。也有少部分学者认为农机社会化服务抑制农村劳动力向城市转移。耿鹏鹏等（2022）使用中国劳动力动态调查数据（CLDS），分析农机外包服务对农户务农劳动力和外出务工劳动力的影响。结果显示，农户选择农机服务将有效替代务农劳动力，但抑制农村劳动力向城市部门转移。

关于农机社会化服务对劳动力兼业影响的研究。部分学者（陆岐楠等，2017；邱海兰、唐超，2020；赵培芳、王玉斌，2020；蔡文聪等，2022）研究了兼业对服务外包的影响，发现农村劳动力兼业化水平正向显著影响农业生产环节外包。目前农机社会化服务对劳动力兼业影响的研究不多，耿鹏鹏等（2022）认为农机服务抑制农村劳动力转移到城市，促进农村劳动力在农村从事非农工作。是不是一些劳动力在农村从事非农工作，闲暇时兼顾帮助家庭从事从业生产，农机服务促进农村劳动力的兼业？农村劳动力转移距离显著影响农户兼业可能性（马俊凯、李光泗，2023），如果农村劳动力在县内或镇内转移，兼顾或协助农业生产的可能性较大。

目前关于农业机械化对劳动力转移、非农就业与兼业影响的研究成果也为本书提供了坚实的研究基础。大部分学者普遍认为农业机械应用对劳动力转移、非农就业与兼业具有显著正向影响（周振等，2016；李谷成等，2018；陈江华等，2021）。

目前鲜有文献将农机社会化服务对非农就业与兼业的影响纳入同一框架进行研究，由于农机社会化服务对农业劳动力的替代效应基本达成了共识，所以本章构建"服务采纳—替代效应—劳动力配置"逻辑框架，主要研究农机社会化服务对非农就业和兼业的影响，并进一步分析农机社会化服务对非农就业的影响机制，这将对我国城镇化及农业现代化具有重要意义。

5.2　理论分析与研究假说

农机社会化服务具有分工效应。水稻种植有以下生产环节：整地、播种、育秧、栽插、灌溉、施肥、病虫害防治、收获等（陈昭玖、胡雯，2016a），这些不同生产环节都有相应的农机社会化服务，农机社会化服务在环节上具有分工效应，农业的横向分工与纵向分工促成农业生产性服务容量的扩大，同时，农业生产性服务的发展也促进农业分工的进一步深化（罗必良，2017），农户在各个生产环节上农机社会化服务的可获得性提高，这将促进农户更加愿意采纳农机服务，农户家庭可能有剩余劳动力从事第二、第三产业，可能选择省外县外打工，也可能选择县内务工，兼顾农业生产。

农机社会化服务具有收入效应，包括直接收入效应和间接收入效应。农业收入是直接收入效应，非农就业获得的收入属于间接收入效应。从农户行为理论来看，农户追求家庭利益最大化，采纳农机社会化服务能够节约劳动，当家庭劳动力数量正好满足农业生产需求时，农民将投入到农业生产，提高农业生产率，提高农业收入，家庭总收入增加；二元经济理论提出，当家庭劳动力数量大于农业生产需求时，剩余劳动力将转移到第二、第三产业，提高非农收入，家庭总收入增加；当家庭劳动力数量小于农业生产需求时，农机社会化服务发挥劳动替代作用，弥补劳动力不足，改变农业生产要素配置（王玉斌、赵培芳，2022）。

农机社会化服务具有技术效应。农机社会化服务能通过农业机械将技术导入到农业生产中，如水稻直播机、高速插秧机、无人打药机这些先进技术或装备，促进农业效率的极大提升，当农户采纳这些服务，由于技术效应促进效率提升，可节约劳动力，将促进劳动力转移。

农机社会化服务具有替代效应。诱致性技术创新理论提出，资源稀缺性变化所引起的要素相对价格发生变化（Hayami & Ruttan，1985），劳动力价格上升导致机械替代劳动（Wang et al.，2016；郑旭媛等，2017；睢忠林等，2021；耿鹏鹏等，2022），农业机械可以节约劳动，提高农业生产率、降低农业生产成本（Pingali，2007；Gao et al.，2021），但机械投入比较昂贵，购买机械服务就是一种替代方式（Sims & Kienzle，2016）。

基于以上分析，本书提出以下研究假说：

H（5-1）：农机社会化服务采纳对非农就业有显著的促进作用，采纳程度越高，促进作用越大。

H（5-2）：农机社会化服务采纳行为及采纳程度均能促进劳动力兼业。

农机社会化服务是如何节约劳动力的？基于诱致性技术创新理论，当农机社会化服务价格低于雇佣劳动力价格，农户会选择购买农机服务。农机服务通过农业机械替代人力，提高作业效率，节省劳动力，促进剩余劳动力转移到外地，农业机械应用可以通过降低每亩农业劳动力投入促进农村劳动力转移（陈江华等，2021），农机社会化服务采纳是应用农业机械的一种方式，同样可以节约劳动力，替代劳动力，农户有更多时间从事非农就业。因此，本书提出研究假说：

H（5-3）：农机社会化服务采纳行为及采纳程度均能通过降低单位土地农业劳动力投入促进非农就业。

5.3　模型构建与变量选取

5.3.1　模型构建

5.3.1.1　基准回归模型设定

为了探究农机社会化服务对劳动力转移的影响，本书构建以下表达式：

$$Y_i = \alpha_0 + \alpha_1 Service_i + \alpha_2 D_i + \varepsilon_1 \qquad (5-1)$$

其中，Y_i 表示农户家庭中非农劳动力占比与兼业劳动力占比，分别表征非农就业和兼业。$Service_i$ 表示农机社会化服务，D_i 表示控制变量构成的矩阵，包括决策者特征变量、家庭特征变量和村庄变量。α_0 为常数项，α_1 和 α_2 为待估系数，ε_1 表示随机扰动项。模型（5-1）为是否采纳农机社会化服务对非农就业的回归，模型（5-2）在模型（5-1）基础上加入了控制变量，模型（5-3）为采纳农机社会化服务程度对非农就业的回归，模型（5-4）在模型（5-3）基础上加入了控制变量，模型（5-5）为是否采纳农机社会化服务对兼业的回归，模型（5-6）在模型（5-5）基础上加入了控制变量，模型（5-7）为采纳农机社会化服务程度对兼业的回归，模型（5-8）在模型（5-7）基础上加入了控制变量。

5.3.1.2　机制检验模型设定

为进一步揭示农机社会化服务影响劳动力转移的作用机制，本书进一步构建回归模型，主要分析农机社会化服务对非农就业的影响路径。为验证前文假说 H（5-3），参考温忠麟和叶宝娟（2014）的研究，结合公式（5-1），并构建如下回归模型进行机制检验。具体回归模型如下：

$$M_i = \beta_0 + \beta_1 Service_i + \beta_2 D_i + \varepsilon_2 \qquad (5-2)$$
$$Y_i = \gamma_0 + \gamma_1 Service_i + \varphi_0 M_i + \gamma_2 D_i + \varepsilon_3 \qquad (5-3)$$

其中，M_i 是中介变量，指单位土地劳动力投入，Y_i 表示农户家庭中非农劳动力占比，β_0、γ_0 为常数项，β_1、β_2、γ_1、γ_2、φ_0 为待估系数，ε_2、ε_3 为随机扰动项。

在作用机制分析过程中，本书依据温忠麟和叶宝娟（2014）的研究方法，分三步以检验中介变量（单位土地农业劳动力投入）在农机社会化服务对非农就业影响过程中的中介效应。第一步，不引入中介变量 M_i，直接将非农就业对农机社会化服务做回归，检验农机社会化服务 $Service_i$ 对非农就业 Y_i 的影响，观察公式（5-1）中的回归系数 α_1 是否显著；第二步，将中介变量纳入公式（5-2）并进行归回，检验农机社会化服务 $Service_i$ 对单位土地劳动力投

入 M_i 的影响，观察公式（5-2）中的回归系数 β_1 是否显著；第三步，同时将农机社会化服务 $Service_i$ 与中介变量 M_i 纳入公式（5-3）并进行回归，检验农机社会化服务与单位土地劳动力投入同时对非农就业的影响，观察公式（5-3）中的回归系数 γ_1、φ_0 是否显著。当回归系数 α_1、β_1、γ_1 和 φ_0 均显著，且 α_1 大于 γ_1 时，则中介变量发挥部分中介效应，$\beta_1 \varphi_0/\alpha_1$ 为中介效应占总效应比重；当回归系数 α_1、β_1 和 φ_0 均显著，而 γ_1 不再显著时，则中介变量具有完全中介效应。

5.3.2　变量选取

（1）**被解释变量**。本书劳动力转移主要指非农就业和兼业，非农就业指劳动力从事第二、第三产业，兼业指劳动力从事非农就业同时兼顾农业生产。非农就业用非农就业比例表示，指非农就业人数占家庭劳动力总数的比值，兼业用兼业比例衡量，指兼业人数占家庭劳动力总数的比值。

（2）**核心解释变量**。本书选择的核心解释变量是农机社会化服务，主要是指农户农机社会化服务采纳行为及采纳程度，关于采纳行为，参考杨思雨和蔡海龙（2020）的研究，采纳了农机社会化服务用"1"表示，未采纳农机社会化服务用"0"表示。关于采纳程度，借鉴江雪萍和李大伟（2017）的研究，用采纳农机社会化服务环节数与水稻种植所有环节数的比值表示。

（3）**中介变量**。借鉴陈江华等（2021）的研究，本书选择单位土地农业劳动力投入作为中介变量。单位土地农业劳动力投入采用农业劳动力人数与耕地面积之比来衡量，即农户家庭平均每亩耕地投入劳动力数量。

（4）**控制变量**。借鉴已有研究，从决策者特征、家庭特征、村庄特征三方面选取控制变量。①决策者特征。采用决策者性别、年龄、受教育程度、健康状况、风险偏好5个变量来反映决策者特征。一般来说，户主年龄越大，体质偏弱，农业生产能力相对较低，农户家庭需要更多的劳动力从事农业生产，不利于家庭劳动力非农转移；农村劳动力文化程度越低，接受新事物的能力相对较差，不利于其非农就业和兼业；健康状况越好，越有可能进行非农就业和兼业；越是风险偏好型，越可能进行非农就业和兼业。②农户家庭特征。采用家中是否有党员、劳动力人数、水稻种植面积、水稻种植年限、土地是否连片作为测度被访农户家庭特征的变量。家中是否有党员作为家庭社会资本的代理变量，一般而言，家中有党员，表明家庭社会资本相对丰富，将有助于促进家庭劳动力非农就业和兼业；家庭劳动力人数多，可能有剩余劳动力转移到非农岗位或同时兼业；水稻种植面积越大，农业生产需要投入更多的劳动力，将抑制家庭劳动力非农转移和兼业；水稻种植年限越长，越习惯农业生产，不利于非农就业；水稻种植用地越连片，农业生产效率越高，越有利于劳动力转移和兼业。③村庄特征。考虑到村庄条件可能对农村劳动力转移产生影响，选取是否城郊村、村庄地形与村庄交通状况作为控制变量。一般来说，城郊村离城市近，信息相对灵通，有利于农村劳动力非农就业与兼业。村庄地形也会影响非农就业和兼业，平原和丘陵比山区地形更好，有利于农村劳动力的非农转移和兼业；村庄的交通条件越好，越能促进家庭劳动力非农转移和兼业。

（5）变量描述性统计分析。表 5-1 展示了本章所用变量的赋值情况说明及描述性统计结果。

农机社会化服务。表 5-1 的统计结果显示，农户在水稻种植过程中是否采纳农机社会化服务均值为 0.80，说明农户采纳农机社会化服务行为比例较高，侧面反映了当前农业机械使用率较高。农户采纳农机社会化服务程度均值为 0.20，即在水稻种植过程的 8 个环节中采纳农机服务环节数平均低于 2 个，说明采纳程度偏低，离水稻种植全过程机械化还有很大距离。

劳动力转移。非农就业人数比例均值为 0.61，可见农村劳动力转移数量过半，说明农村劳动力转移仍有潜力，兼业人数比例均值为 0.27，说明兼业还有很大提升空间。

控制变量。水稻种植决策者男性比例为 96%，说明在水稻种植过程中，男性还是占主导地位，这和户主大部分是男性有关，同时反映了农业种植女性化倾向有所改善；水稻种植决策者年龄均值为 56.65，说明务农劳动力呈现老龄化现象，可能和青壮年劳动力外出务工有关；水稻种植决策者受教育程度均值为 1.74，说明务农劳动力大部分教育水平在初中以下，学历程度偏低；水稻种植决策者健康状况均值为 4.23，说明健康状况良好，虽然水稻种植决策者趋于老龄，但身体尚佳，保障了农户及国家的粮食安全；水稻种植决策者风险偏好均值为 1.53，说明大多水稻种植决策者对待风险持有风险规避和风险中立态度；家庭是否有中共党员均值为 0.26，说明水稻种植农户重视社会资本，关心国家发展和党的建设；水稻种植户家庭劳动力人数均值为 3.06，这和国家层面农户家庭劳动力平均数量接近；农户水稻种植面积均值为 18.42，说明小农户居多，这和我国大国小农国情是一致的；水稻种植决策者种植年限均值为 29.69，说明目前从事水稻种植的决策者具有丰富的务农经验，一方面能保障粮食安全工作，另一方面说明务农人员大多热爱农业；土地连片程度均值为 2.65，说明农户经营的土地部分分散，部分连片；村庄是否城郊村均值为 0.06，说明大部分村庄都离城市较远，属于非城郊村；村庄地形均值为

2.39，说明以平原和丘陵地形居多，这两种地形比山地更适合机械化操作；村庄交通便利程度均值为3.74，说明村庄交通状况良好，方便机械进入田地和运输稻谷。

表5-1 变量定义与描述性分析

变量类型	变量名称	变量测度	均值	标准差
因变量	非农就业	非农劳动力人数占劳动力人数的比例	0.61	0.32
	兼业	兼业人数占劳动力人数的比例	0.27	0.26
自变量	农机社会化服务采纳行为	农户在水稻种植过程中是否采纳农业机械社会化服务	0.80	0.40
	农机社会化服务采纳程度	采纳环节数占种植环节总数的比例	0.20	0.15
中介变量	单位土地农业劳动力投入	农业劳动力人数与水稻种植面积之比	0.26	0.33
工具变量		村庄其他人员采纳农机社会化服务行为的均值	0.79	0.30
		村庄其他人员采纳农机社会化服务程度的均值	0.20	0.09
控制变量 个人特征	性别	水稻种植决策者性别：男=1，女=0	0.96	0.20
	年龄	水稻种植决策者实际年龄	56.65	9.69
	受教育程度	水稻种植决策者受教育程度：1=小学及以下，2=初中，3=高中/中专/技校/职高，4=大专，5=大学本科及以上	1.74	0.77
	健康状况	水稻种植决策者健康状况：1=无劳动能力，2=差，3=中，4=良，5=优	4.23	0.80
	风险偏好	水稻种植决策者风险偏好：1=风险规避，2=风险中立，3=风险偏好	1.53	0.67
家庭特征	党员	家庭是否有中共党员：是=1，否=0	0.26	0.44
	劳动力人数	家庭劳动力实际数量	3.06	1.02
	种植面积	水稻种植面积（亩）	18.42	15.08
	种植年限	水稻种植实际年限	29.69	14.54
	土地连片程度	1=很分散，2=较为分散，3=部分连片，4=都连片	2.65	0.95
村庄特征	村庄是否城郊村	是=1，否=0	0.06	0.24
	村庄地形	1=山地，2=丘陵，3=平原	2.39	0.65
	村庄交通便利程度	1=很差，2=较差，3=一般，4=较好，5=很好	3.74	0.87

5.4 计量结果分析

5.4.1 基准回归结果

本章采用 Stata16.0 统计软件进行实证分析，采用 OLS 进行估计，从表 5-2、表 5-3 可以看到，模型（5-1）、模型（5-3）、模型（5-5）、模型（5-7）都是只将核心自变量农机社会化服务采纳行为或农机社会化服务采纳程度纳入分析，其对非农就业和兼业的影响均为显著，且都在 1% 统计水平上正向显著；模型（5-2）、模型（5-4）、模型（5-6）、模型（5-8）都是加入了控制变量进行回归，结果仍为显著，且都在 1% 统计水平上正向显著；以上模型都控制了地区，表明模型与数据适配度优良。基准回归模型结果显示，是否采纳农机社会化服务与采纳程度都在 1% 统计水平上对农户家庭劳动力非农就业和兼业有显著正向影响，表明采纳农机社会化服务行为与采纳程度越高，农户家庭从事非农就业和兼业的劳动力比例越高，这与预期结果完全一致，验证了假说 H（5-1）与 H（5-2）。

从控制变量来看。个体特征。年龄均负向显著影响非农就业和兼业，说明水稻种植决策者年龄越大，其家庭非农就业和兼业比例越低，可能家庭成员平均年龄较大，农业生产经验丰富，主要依靠人力畜力务农，较少采纳农机服务；教育程度均正向显著影响非农就业和兼业，说明水稻种植决策者文化水平越高，家庭从事非农就业和兼业人数越多，教育水平越高，接受新鲜事物能力越强，越有意愿和能力外出务工和从事兼业工作；风险偏好均负向显著影响非农就业和兼业，说明水稻种植决策者越是风险偏好，其家庭非农就业和兼业人员比例越低，可能风险偏好的农民选择农业为主业，转入土地，扩大规模经营。

家庭特征。家庭劳动力数量正向显著影响非农就业，说明家庭劳动力越多，选择非农就业的人数就越多，家庭劳动力数量负向显著影响兼业，表明家庭劳动力越多，选择兼业的人数就越少，可能是因为家庭劳动力如果有剩余，会优先考虑转移到县外省外，如果家庭劳动力数量有限，为了提高家庭收入，会选择务农与非农两者兼顾，从事从业生产的同时选择离家近的非农工作；种植面积负向显著影响非农就业和兼业，说明种植面积越大，从事非农工作和兼业人员比例越低，因为经营面积大，需要更多的劳动力；水稻种植决策者种植年限负向显著影响非农就业，说明种植年限越长，其家庭从事非农工作人员比例越低，因为决策者在家里很多事务上具有很大的决策权，决策者会影响家人的决定，水稻种植决策者种植年限负向影响兼业，但不显著，说明决策者种植年限长，可能家庭成员兼业的可能性低，可能家庭成员以农业为主业。

村庄特征。模型（5-8）显示村庄是否城郊村，负向显著影响兼业，说明家庭住址越是离城市近，越不兼业，可能城郊村村民大多已经转移到城市，或是选择农业为主业扩大规模经营，村庄是否城郊村，负向影响非农就业，但不显著，这可能是因为城郊村在水稻交易方面占优势，可能很多家庭以农业为主，交通便利程度正向显著影响兼业，但对非农就业影响却不显著，可能因为交通便利，让很多家庭可以兼顾农业与非农工作，而交通便利不一定促进劳动力转移到县外省外。

表 5-2　农机社会化服务对非农就业影响的回归结果

变量名称	非农就业			
	模型（5-1）	模型（5-2）	模型（5-3）	模型（5-4）
农机社会化服务采纳行为	0.193***	0.203***		
	(0.027)	(0.027)		
农机社会化服务采纳程度			0.384***	0.415***
			(0.086)	(0.088)
性别		0.021		0.032
		(0.060)		(0.061)
年龄		−0.004**		−0.004**
		(0.002)		(0.002)
受教育程度		0.031**		0.030*
		(0.015)		(0.015)
健康状况		−0.017		−0.014
		(0.013)		(0.014)
风险偏好		−0.040**		−0.041**
		(0.017)		(0.017)
党员		0.009		0.005
		(0.026)		(0.026)
劳动力人数		0.058***		0.063***
		(0.013)		(0.013)
种植面积		−0.003***		−0.003***
		(0.001)		(0.001)
种植年限		−0.003**		−0.003**
		(0.001)		(0.001)

（续）

变量名称	非农就业			
	模型（5-1）	模型（5-2）	模型（5-3）	模型（5-4）
土地连片程度		0.011		0.009
		(0.012)		(0.012)
村庄是否城郊村		−0.028		−0.050
		(0.042)		(0.044)
村庄地形		−0.007		−0.017
		(0.019)		(0.020)
村庄交通便利程度		0.010		0.011
		(0.014)		(0.014)
常数项	0.491***	0.618***	0.582***	0.684***
	(0.034)	(0.137)	(0.027)	(0.143)
区域虚拟变量	控制	控制	控制	控制
Pseudo R^2	0.065	0.149	0.038	0.123
样本量	734	734	734	734

注：*、**、*** 分别表示在10%、5%和1%的显著性水平下通过检验，括号内数值为稳健标准误。

表5-3　农机社会化服务对兼业影响的回归结果

变量名称	兼　业			
	模型（5-5）	模型（5-6）	模型（5-7）	模型（5-8）
农机社会化服务采纳行为	0.161***	0.202***		
	(0.025)	(0.023)		
农机社会化服务采纳程度			0.353***	0.426***
			(0.071)	(0.075)
性别		0.045		0.057
		(0.046)		(0.048)
年龄		−0.005***		−0.005***
		(0.001)		(0.001)
受教育程度		0.022*		0.021*
		(0.011)		(0.011)
健康状况		−0.021*		−0.019*
		(0.011)		(0.011)
风险偏好		−0.028**		−0.028**
		(0.014)		(0.014)

（续）

变量名称	兼 业			
	模型（5-5）	模型（5-6）	模型（5-7）	模型（5-8）
党员		-0.009		-0.013
		(0.020)		(0.021)
劳动力人数		-0.085***		-0.080***
		(0.010)		(0.010)
种植面积		-0.002**		-0.002**
		(0.001)		(0.001)
种植年限		-0.001		-0.001
		(0.001)		(0.001)
土地连片程度		-0.002		-0.004
		(0.009)		(0.009)
村庄是否城郊村		-0.042		-0.063*
		(0.036)		(0.037)
村庄地形		0.004		-0.006
		(0.014)		(0.015)
村庄交通便利程度		0.022**		0.022**
		(0.010)		(0.010)
常数项	0.110***	0.645***	0.179***	0.710***
	(0.033)	(0.133)	(0.028)	(0.118)
区域虚拟变量	控制	控制	控制	控制
Pseudo R^2	0.061	0.255	0.041	0.220
样本量	734	734	734	734

注：*、**、*** 分别表示在10%、5%和1%的显著性水平下通过检验，括号内数值为稳健标准误。

5.4.2 稳健性检验

5.4.2.1 替换因变量

农户采纳农机社会化服务，节约了劳动，还可能促进农业收入，劳动力转移和兼业都可以促进非农收入，增加农户家庭总收入，从农户行为学理论看，农户追求利益最大化，对家庭劳动力资源做出合理配置，达到家庭收入最大化，家庭效益最大化，本书用农户家庭收入替代非农就业和兼业，做稳健性检验，从模型（5-9）、模型（5-10）可以知道，农机社会化服务采纳行为及采纳程度均正向显著影响农户家庭收入，说明越是采纳农机服务，采纳农机服务程度越高，家庭收入越高（表5-4）。

表 5 - 4 农机社会化服务对农户家庭收入影响的回归结果

变量名称	家庭收入	
	模型（5－9）	模型（5－10）
农机社会化服务采纳行为	0.362***	
	(0.086)	
农机社会化服务采纳程度		0.788***
		(0.236)
性别	−0.121	−0.099
	(0.227)	(0.229)
年龄	−0.012**	−0.011*
	(0.006)	(0.006)
受教育程度	0.017	0.015
	(0.049)	(0.049)
健康状况	0.018	0.023
	(0.043)	(0.043)
风险偏好	0.068	0.068
	(0.049)	(0.049)
党员	0.061	0.054
	(0.080)	(0.080)
劳动力人数	0.274***	0.283***
	(0.040)	(0.040)
种植面积	0.021***	0.021***
	(0.002)	(0.002)
种植年限	−0.012***	−0.012**
	(0.004)	(0.004)
土地连片程度	0.039	0.037
	(0.038)	(0.038)
村庄是否城郊村	0.368***	0.332**
	(0.140)	(0.133)
村庄地形	0.022	0.003
	(0.057)	(0.058)
村庄交通便利程度	0.025	0.025
	(0.042)	(0.043)
常数项	9.816***	9.931***
	(0.460)	(0.462)
区域虚拟变量	控制	控制
Pseudo R^2	0.277	0.271
样本量	734	734

注： *、**、*** 分别表示在 10%、5% 和 1% 的显著性水平下通过检验，括号内数值为稳健标准误。

5.4.2.2 替换核心自变量

收割环节采纳农机服务的均值为 0.77，说明有 77% 农户在收割环节采纳了农机服务，收割环节采纳农机服务可以替代农户是否采纳农机服务及采纳程度进行稳健性检验，从表 5-5 可知，收割环节采纳农机服务行为正向显著影响非农就业和兼业，说明收割环节采纳农机服务，能促进非农人数和兼业人数比例增加，说明替换核心自变量，结果依然稳健。

表 5-5　收割环节采纳农机社会化服务行为对非农就业和兼业影响的回归结果

变量名称	非农就业	兼　业
	模型（5-11）	模型（5-12）
收割环节是否采纳农机社会化服务	0.205***	0.184***
	(0.025)	(0.022)
性别	0.008	0.039
	(0.061)	(0.048)
年龄	−0.005**	−0.005***
	(0.002)	(0.001)
受教育程度	0.033**	0.022**
	(0.015)	(0.011)
健康状况	−0.013	−0.020*
	(0.012)	(0.011)
风险偏好	−0.039**	−0.027**
	(0.017)	(0.014)
党员	0.009	−0.010
	(0.026)	(0.020)
劳动力人数	0.061***	−0.084***
	(0.013)	(0.010)
种植面积	−0.003***	−0.002**
	(0.001)	(0.001)
种植年限	−0.003**	−0.001
	(0.001)	(0.001)
土地连片程度	0.011	−0.003
	(0.012)	(0.009)

（续）

变量名称	非农就业	兼　业
	模型（5-11）	模型（5-12）
村庄是否城郊村	−0.033	−0.049
	(0.042)	(0.035)
村庄地形	−0.012	0.002
	(0.019)	(0.014)
村庄交通便利程度	0.010	0.024**
	(0.014)	(0.010)
常数项	0.675***	0.661***
	(0.138)	(0.118)
区域虚拟变量	控制	控制
Pseudo R^2	0.160	0.248
样本量	734	734

注：*、**、***分别表示在10%、5%和1%的显著性水平下通过检验，括号内数值为稳健标准误。

5.4.2.3　更换估计方法

由于本研究因变量非农就业比例、兼业比例的取值介于0~1，属于因变量取值受限类型，而且劳动力转移可以促进农机社会化服务的采纳，核心自变量与因变量互为因果，故采用IV-Tobit模型再估计，借鉴刘艳等（2022）的研究，选取村庄其他农户农机社会化服务采纳行为均值作为农机社会化服务采纳行为的工具变量，选取村庄其他农户农机服务采纳程度均值作为农机社会化服务采纳程度的工具变量。由于"同群效应"，村庄其他农户农机服务的采纳行为及采纳程度会影响到农户，但村庄其他农户农机服务的采纳不会影响到农户的非农就业与兼业，所以该工具变量的选取是合适的。从表5-6、表5-7可知，模型（5-13）至模型（5-20）均显示，村庄其他农户农机服务采纳行为均值正向显著影响农户农机服务采纳行为，农户农机服务采纳行为正向显著影响非农就业和兼业，村庄其他农户农机服务采纳程度均值正向显著影响农户采纳农机服务程度，农户采纳农机服务程度正向显著影响非农就业和兼业，这和基准回归一致，说明模型非常稳健。

表 5 - 6 农机社会化服务对非农就业影响的 IV-Tobit 模型估计结果

变量名称	农机社会化服务采纳行为	非农就业	农机社会化服务采纳程度	非农就业
	模型 (5-13)	模型 (5-14)	模型 (5-15)	模型 (5-16)
村庄其他农户农机社会化服务采纳行为均值	0.846 ***			
	(0.042)			
农机社会化服务采纳行为		0.241 ***		
		(0.056)		
村庄其他农户农机社会化服务采纳程度均值			0.702 ***	
			(0.058)	
农机社会化服务采纳程度				0.618 ***
				(0.220)
性别	−0.004	0.017	−0.033	0.034
	(0.058)	(0.064)	(0.024)	(0.065)
年龄	0.003	−0.005 ***	0.001	−0.005 **
	(0.002)	(0.002)	(0.001)	(0.002)
受教育程度	0.022	0.036 **	0.006	0.034 *
	(0.016)	(0.018)	(0.007)	(0.018)
健康状况	0.003	−0.021	0.004	−0.018
	(0.015)	(0.017)	(0.007)	(0.017)
风险偏好	−0.004	−0.044 **	0.007	−0.044 **
	(0.018)	(0.020)	(0.007)	(0.020)
党员	0.036	0.014	0.015	0.008
	(0.027)	(0.030)	(0.012)	(0.031)
劳动力人数	−0.011	0.076 ***	−0.003	0.082 ***
	(0.012)	(0.014)	(0.005)	(0.014)
种植面积	0.001	−0.003 ***	0.001 **	−0.003 ***
	(0.001)	(0.001)	(0.001)	(0.001)
种植年限	−0.001	−0.003 ***	0.001	−0.003 **
	(0.001)	(0.001)	(0.001)	(0.001)
土地连片程度	0.003	0.012	0.001	0.011
	(0.012)	(0.013)	(0.005)	(0.014)
村庄是否城郊村	−0.057	−0.022	−0.034 *	−0.039
	(0.049)	(0.055)	(0.018)	(0.056)
村庄地形	0.002	−0.004	0.020 **	−0.021
	(0.019)	(0.021)	(0.008)	(0.023)
村庄交通状况	0.006	0.012	0.004	0.011
	(0.014)	(0.015)	(0.006)	(0.016)
常数项	−0.084	0.594 ***	−0.041	0.669 ***
	(0.141)	(0.155)	(0.065)	(0.156)
区域虚拟变量	控制	控制	控制	控制

注：*、**、*** 分别表示在 10%、5% 和 1% 的显著性水平下通过检验，括号内数值为稳健标准误。

表 5-7　农机社会化服务对劳动力兼业影响的 IV-Tobit 模型估计结果

变量名称	兼　　业	
	模型（5-17）	模型（5-18）
农机社会化服务采纳行为	0.428***	
	(0.059)	
农机社会化服务采纳程度		1.083***
		(0.224)
性别	0.104	0.138**
	(0.066)	(0.068)
年龄	−0.007***	−0.007***
	(0.002)	(0.002)
受教育程度	0.038**	0.032*
	(0.017)	(0.018)
健康状况	−0.030*	−0.025
	(0.016)	(0.017)
风险偏好	−0.041**	−0.041**
	(0.019)	(0.020)
党员	−0.010	−0.022
	(0.029)	(0.031)
劳动力人数	−0.095***	−0.081***
	(0.013)	(0.014)
种植面积	−0.002***	−0.003***
	(0.001)	(0.001)
种植年限	−0.001	−0.001
	(0.001)	(0.001)
土地连片程度	−0.002	−0.004
	(0.013)	(0.014)
村庄是否城郊村	−0.051	−0.078
	(0.055)	(0.057)
村庄地形	0.004	−0.025
	(0.021)	(0.023)
村庄交通状况	0.034**	0.031*
	(0.015)	(0.016)
常数项	0.428***	0.564***
	(0.152)	(0.156)
区域虚拟变量	控制	控制

注：*、**、***分别表示在 10%、5% 和 1% 的显著性水平下通过检验，括号内数值为稳健标准误。

5.4.3 内生性讨论

5.4.3.1 互为因果

由于农机社会化服务与农户家庭劳动力非农就业和兼业之间都存在反向因果关系，导致模型产生内生性问题，因此，进一步采用工具变量法进行估计，以提高模型估计结果的一致性与无偏性。借鉴刘艳等（2022）的研究，本书选取村庄其他农户农机服务采纳行为均值作为农机服务采纳行为的工具变量，选取村庄其他农户农机服务采纳程度均值作为采纳农机服务程度的工具变量，用2SLS进行估计。表5-8结果显示，农户采纳农机服务行为正向显著影响非农就业和兼业，农户采纳农机服务程度正向显著影响非农就业和兼业，结果和基本回归一致，说明模型稳健。

表5-8　农机社会化服务对非农就业与兼业影响的2SLS模型估计结果

变量名称	非农就业		兼业	
	模型（5-19）	模型（5-20）	模型（5-21）	模型（5-22）
农机社会化服务采纳行为	0.232***		0.234***	
	(0.045)		(0.038)	
农机社会化服务采纳程度		0.569***		0.626***
		(0.196)		(0.147)
性别	0.021	0.036	0.045	0.062
	(0.059)	(0.061)	(0.045)	(0.048)
年龄	−0.004**	−0.004**	−0.005***	−0.005***
	(0.002)	(0.002)	(0.001)	(0.001)
受教育程度	0.031**	0.029*	0.021*	0.019*
	(0.015)	(0.015)	(0.011)	(0.011)
健康状况	−0.017	−0.014	−0.021**	−0.019
	(0.013)	(0.014)	(0.011)	(0.011)
风险偏好	−0.040**	−0.040**	−0.027**	−0.027**
	(0.017)	(0.017)	(0.013)	(0.014)
党员	0.009	0.004	−0.009	−0.015
	(0.026)	(0.026)	(0.020)	(0.021)
劳动力人数	0.058***	0.063***	−0.086***	−0.080***
	(0.013)	(0.013)	(0.010)	(0.010)
种植面积	−0.003***	−0.003***	−0.002**	−0.002***
	(0.001)	(0.001)	(0.001)	(0.001)

（续）

变量名称	非农就业		兼业	
	模型（5-19）	模型（5-20）	模型（5-21）	模型（5-22）
种植年限	−0.003**	−0.003**	−0.001	−0.001
	(0.001)	(0.001)	(0.001)	(0.001)
土地连片程度	0.011	0.010	0.002	−0.003
	(0.012)	(0.012)	(0.009)	(0.009)
村庄是否城郊村	−0.021	−0.039	−0.034	−0.049
	(0.043)	(0.046)	(0.037)	(0.040)
村庄地形	−0.008	−0.023	0.003	−0.014
	(0.019)	(0.021)	(0.014)	(0.016)
村庄交通便利程度	0.010	0.009	0.021**	0.019*
	(0.014)	(0.014)	(0.010)	(0.010)
常数项	0.609***	0.682***	0.634***	0.707***
	(0.136)	(0.142)	(0.111)	(0.119)
区域虚拟变量	控制	控制	控制	控制
Pseudo R^2	0.148	0.119	0.252	0.209
样本量	734	734	734	734

注：*、**、***分别表示在10%、5%和1%的显著性水平下通过检验，括号内数值为稳健标准误。

5.4.3.2 自选择偏差

由于样本自选择偏差可能导致内生性问题，农机社会化服务采纳行为是自选择问题，它会受到决策者个体特征等自身禀赋的影响，同时自身禀赋又会影响非农就业和兼业，非农就业和兼业的影响因素除了有可观测因素的影响，还有不可观测因素，倾向得分匹配法（PSM）是处理自选择偏差的常用方法，本章采用这种方法，将采纳农机社会化服务的农户作为实验组，将未采纳农机社会化服务的农户作为控制组，采用最近邻匹配法、卡尺匹配法、核匹配法进行估计，表5-9汇报了农机社会化服务采纳行为对非农就业影响的这三种倾向得分匹配法的估计结果，结果显示平均处理效应（ATT）分别为0.227、0.212、0.209，且都在1%的统计水平下显著为正，说明采纳农机社会化服务能促进劳动力转移，这与前文结论一致。表5-10汇报了农机社会化服务采纳行为对兼业影响的这三种倾向得分匹配法的估计结果，结果显示平均处理效应（ATT）分别为0.195、0.200、0.202，且都在1%的统计水平下显著为正，说明采纳农机社会化服务能促进劳动力兼业，这与基准回归结果一致，说明模型非常稳健。

表 5 - 9　采纳农机社会化服务行为对非农就业影响的 PSM 回归结果

	匹配方法	实验组	控制组	ATT	标准误	T 值
农户是否采纳	最近邻匹配法	0.642	0.415	0.227***	0.042	5.46
农机社会化	卡尺匹配法	0.642	0.430	0.212***	0.037	5.76
服务	核匹配法	0.642	0.433	0.209***	0.034	6.22

注：*、**、***分别表示在10%、5%和1%的显著性水平下通过检验，括号内数值为稳健标准误。

表 5 - 10　采纳农机社会化服务行为对兼业影响的 PSM 回归结果

	匹配方法	实验组	控制组	ATT	标准误	T 值
农户是否采纳	最近邻匹配法	0.303	0.109	0.195***	0.036	5.46
农机社会化	卡尺匹配法	0.303	0.103	0.200***	0.034	5.81
服务	核匹配法	0.303	0.101	0.202***	0.031	6.52

注：*、**、***分别表示在10%、5%和1%的显著性水平下通过检验，括号内数值为稳健标准误。

为考查倾向得分匹配结果是否较好地平衡了数据，需要进行平衡性检验。以最近邻匹配法为例，图 5 - 11 的检验结果显示，匹配后大多数变量的标准化偏差率小于 10%；同时，从表 4 - 12 可以发现，大多数 T 检验的结果不拒绝实验组和控制组无系统差异的原假设，对比匹配前的结果，大多数变量的标准化偏差均大幅度缩小。因而，倾向得分匹配结果通过了平衡性检验。

表 5 - 11　核匹配法平衡性检验

控制变量	匹配前均值		匹配后均值		偏差率		匹配后 T 检验	
	实验组	控制组	实验组	控制组	匹配前	匹配后	T 值	P>|T|
性别	0.961	0.946	0.961	0.968	7.0	−3.6	−0.71	0.479
年龄	57.147	54.689	57.152	56.822	25.0	3.4	0.56	0.575
受教育程度	1.761	1.669	1.759	1.723	12.6	4.90	0.84	0.401
健康状况	4.239	4.216	4.238	4.251	2.8	−1.6	−0.26	0.792
风险偏好	1.502	1.628	1.503	1.457	−18.1	6.6	1.14	0.253
党员	0.268	0.230	0.267	0.210	8.8	13.1	2.28	0.023
劳动力人数	3.120	2.845	3.118	3.214	27.4	−9.6	−1.58	0.115

（续）

控制变量	匹配前均值		匹配后均值		偏差率		匹配后 T 检验	
	实验组	控制组	实验组	控制组	匹配前	匹配后	T 值	$P>\mid T\mid$
种植面积	19.171	15.422	19.118	20.72	25.0	−10.7	−1.69	0.091
种植年限	30.630	25.986	30.631	31.014	31.6	−2.6	−0.45	0.650
土地连片程度	2.626	2.723	2.624	2.585	−10.1	4.0	0.66	0.507
是否城郊村	0.041	0.155	0.041	0.023	−39.1	6.2	1.77	0.077
土地地形	2.404	2.318	2.403	2.427	12.7	−3.4	−0.59	0.555
交通是否便利	3.797	3.507	3.795	3.838	31.5	−4.7	−0.90	0.369

5.4.4 机制分析

为验证上述假说，本研究通过采用中介效应模型研究农机社会化服务对非农就业的影响机制，本书借鉴陈江华等（2021）的研究，选择"单位土地农业劳动力投入"作为中介变量，进行机制分析，表5-12中模型（5-23）和模型（5-24）显示，农机社会化服务采纳行为及采纳程度均对单位土地农业劳动力投入的影响在1%统计水平上显著为负，与预期一致，表明农机社会化服务能有效替代劳动力，降低家庭农业生产中单位土地农业劳动力数量，模型（5-25）和模型（5-26）显示，农机社会化服务采纳行为及采纳程度对非农就业影响显著为正，单位土地农业劳动力投入对非农就业影响显著为负，这说明单位土地农业劳动力投入作为中介变量，在农机社会化服务对非农就业的影响机制中发挥了部分中介作用，研究假说H（5-3）得到了验证。

表5-12 农机社会化服务对非农就业影响的作用机制检验结果

变量名称	单位土地农业劳动力投入		非农就业	
	模型（5-23）	模型（5-24）	模型（5-25）	模型（5-26）
农机社会化服务采纳行为	−0.050*		0.195***	
	(0.028)		(0.027)	
农机社会化服务采纳程度		−0.140**		0.391***
		(0.058)		(0.088)
单位土地农业劳动力投入			−0.169***	−0.174***
			(0.039)	(0.040)
性别	−0.017	−0.021	0.018	0.029
	(0.062)	(0.062)	(0.058)	(0.059)

（续）

变量名称	单位土地农业劳动力投入		非农就业	
	模型（5-23）	模型（5-24）	模型（5-25）	模型（5-26）
年龄	0.002	0.002	−0.004**	−0.004**
	(0.002)	(0.002)	(0.002)	(0.002)
受教育程度	−0.005	−0.004	0.030**	0.029*
	(0.010)	(0.010)	(0.015)	(0.015)
健康状况	−0.004	−0.005	−0.018	−0.015
	(0.011)	(0.011)	(0.013)	(0.013)
风险偏好	0.009	0.008	−0.039**	−0.039**
	(0.015)	(0.015)	(0.017)	(0.017)
党员	−0.003	−0.001	0.009	0.005
	(0.024)	(0.024)	(0.026)	(0.026)
劳动力人数	0.034**	0.032**	0.064***	0.069***
	(0.017)	(0.016)	(0.013)	(0.013)
种植面积	−0.011***	−0.011***	−0.004***	−0.005***
	(0.001)	(0.001)	(0.001)	(0.001)
种植年限	−0.001	−0.001	−0.003**	−0.003**
	(0.001)	(0.001)	(0.001)	(0.001)
土地连片程度	0.033**	0.034**	0.017	0.015
	(0.014)	(0.013)	(0.012)	(0.012)
村庄是否城郊村	−0.093***	−0.090***	−0.044	−0.066
	(0.028)	(0.028)	(0.042)	(0.043)
村庄地形	−0.052**	−0.048**	−0.016	−0.025
	(0.020)	(0.020)	(0.019)	(0.019)
村庄交通便利程度	−0.017	−0.016	0.008	0.008
	(0.011)	(0.010)	(0.014)	(0.014)
常数项	0.536***	0.520***	0.709***	0.775***
	(0.139)	(0.137)	(0.136)	(0.142)
区域虚拟变量	控制	控制	控制	控制
Pseudo R^2	0.383	0.383	0.168	0.143
样本量	734	734	734	734

注：*、**、*** 分别表示在10%、5%和1%的显著性水平下通过检验，括号内数值为稳健标准误。

5.4.5 异质性分析

5.4.5.1 按区域分组

从表 5-13、表 5-14 可知，在农机社会化服务采纳行为对劳动力转移的影响方面，赣北、赣中呈正向显著影响，赣南呈负向影响且不显著；在农机社会化服务采纳行为对劳动力兼业的影响方面，赣北、赣南呈正向显著影响，赣中呈正向影响但不显著；在农机社会化服务采纳程度对劳动力转移和劳动力兼业的影响方面，都是赣北、赣中呈正向显著影响，赣南呈正向影响但不显著；地区存在异质性，可能和资源禀赋有关，赣北、赣中地形以平原居多，赣南以丘陵山区居多，从前文数据可以看出，赣南农机社会化服务采纳程度最低。

表 5-13 不同区域下农机社会化服务采纳行为对非农就业和兼业的影响

变量名称	非农就业			兼 业		
	赣北	赣中	赣南	赣北	赣中	赣南
农机社会化服务采纳行为	0.256***	0.249*	−0.016	0.225***	0.182	0.120**
	(0.030)	(0.135)	(0.059)	(0.030)	(0.116)	(0.059)
控制变量	控制	控制	控制	控制	控制	控制
常数项	0.860***	0.085	0.756***	0.787***	0.556*	0.562***
	(0.166)	(0.406)	(0.228)	(0.139)	(0.285)	(0.197)
Pseudo R^2	0.215	0.278	0.291	0.326	0.102	0.508
样本量	496	130	108	496	130	108

注：*、**、***分别表示在10%、5%和1%的显著性水平下通过检验，括号内数值为稳健标准误。

表 5-14 不同区域下农机社会化服务采纳程度对非农就业和兼业的影响

变量名称	非农就业			兼 业		
	赣北	赣中	赣南	赣北	赣中	赣南
农机社会化服务采纳程度	0.497***	0.387*	0.017	0.485***	0.377**	0.212
	(0.107)	(0.228)	(0.226)	(0.095)	(0.176)	(0.217)
控制变量	控制	控制	控制	控制	控制	控制
常数项	0.914***	0.246	0.753***	0.832***	0.682**	0.602***
	(0.179)	(0.413)	(0.225)	(0.150)	(0.286)	(0.211)
Pseudo R^2	0.152	0.273	0.291	0.273	0.109	0.492
样本量	496	130	108	496	130	108

注：*、**、***分别表示在10%、5%和1%的显著性水平下通过检验，括号内数值为稳健标准误。

5.4.5.2 按决策者年龄分组

从表5-15、表5-16可知，按年龄进行分组，不管水稻种植决策者年龄是否高于、低于或等于均值，农机社会化服务采纳行为及采纳程度对非农就业和兼业都有正向显著影响，和总体样本结果一致，说明决策者年龄不存在异质性。

表5-15　不同年龄条件下农机社会化服务行为对非农就业与兼业的影响

变量名称	非农就业		兼业	
	高于均值	低于或等于均值	高于均值	低于或等于均值
农机社会化服务采纳行为	0.227***	0.192***	0.182***	0.225***
	(0.038)	(0.038)	(0.025)	(0.030)
控制变量	控制	控制	控制	控制
常数项	0.363**	0.417***	0.276**	0.787***
	(0.177)	(0.141)	(0.134)	(0.139)
Pseudo R^2	0.214	0.278	0.233	0.326
样本量	366	368	366	368

注：*、**、***分别表示在10%、5%和1%的显著性水平下通过检验，括号内数值为稳健标准误。

表5-16　不同年龄条件下农机社会化服务采纳程度对非农就业与兼业的影响

变量名称	非农就业		兼业	
	高于均值	低于或等于均值	高于均值	低于或等于均值
农机社会化服务采纳程度	0.406***	0.431***	0.386***	0.441***
	(0.137)	(0.108)	(0.083)	(0.116)
控制变量	控制	控制	控制	控制
常数项	0.464***	0.496	0.353**	0.525***
	(0.178)	(0.144)	(0.141)	(0.137)
Pseudo R^2	0.178	0.106	0.195	0.228
样本量	366	368	366	368

注：*、**、***分别表示在10%、5%和1%的显著性水平下通过检验，括号内数值为稳健标准误。

5.4.5.3 按决策者受教育程度分组

从表5-17、表5-18可知，按决策者受教育程度分组，受教育程度均值以上及以下两组样本，农机社会化服务采纳行为及采纳程度对非农就业和兼业都有正向显著影响，和总体样本结果一致，说明决策者受教育程度不存在异质性。

表 5 - 17　不同受教育程度下农机社会化服务采纳程度对非农就业与兼业的影响

变量名称	非农就业		兼　业	
	高于均值	低于或等于均值	高于均值	低于或等于均值
农机社会化服务采纳行为	0.160 ***	0.248 ***	0.168 ***	0.240 ***
	(0.038)	(0.042)	(0.034)	(0.026)
控制变量	控制	控制	控制	控制
常数项	0.652 ***	0.747 ***	0.624 ***	0.706 ***
	(0.184)	(0.199)	(0.146)	(0.174)
Pseudo R^2	0.135	0.214	0.251	0.303
样本量	415	319	415	319

注：*、**、*** 分别表示在 10%、5% 和 1% 的显著性水平下通过检验，括号内数值为稳健标准误。

表 5 - 18　不同受教育程度下农机社会化服务采纳程度对非农就业与兼业的影响

变量名称	非农就业		兼　业	
	高于均值	低于或等于均值	高于均值	低于或等于均值
农机社会化服务采纳程度	0.332 ***	0.494 ***	0.351 ***	0.497 ***
	(0.104)	(0.152)	(0.103)	(0.099)
控制变量	控制	控制	控制	控制
常数项	0.689 ***	0.865 ***	0.663 ***	0.819 ***
	(0.190)	(0.214)	(0.156)	(0.185)
Pseudo R^2	0.118	0.180	0.228	0.250
样本量	415	319	415	319

注：*、**、*** 分别表示在 10%、5% 和 1% 的显著性水平下通过检验，括号内数值为稳健标准误。

5.4.5.4　按家庭是否有党员分组

从表 5 - 19、表 5 - 20 可知，家庭有党员与家庭无党员两组样本，农机社会化服务采纳行为及采纳程度对劳动力转移和兼业都有正向显著影响，总体样本家庭是否有党员对非农就业和兼业都没有显著影响，说明家庭是否有党员存在异质性。

表 5 - 19　家庭是否有党员条件下农机社会化服务

采纳行为对非农就业与兼业的影响

变量名称	非农就业		兼　业	
	有党员	无党员	有党员	无党员
农机社会化服务采纳行为	0.225***	0.197***	0.198***	0.201***
	(0.058)	(0.032)	(0.050)	(0.026)
控制变量	控制	控制	控制	控制
常数项	0.182	0.743***	0.236	0.749***
	(0.270)	(0.159)	(0.215)	(0.129)
Pseudo R^2	0.194	0.151	0.242	0.277
样本量	191	543	191	543

注：*、**、***分别表示在10%、5%和1%的显著性水平下通过检验，括号内数值为稳健标准误。

表 5 - 20　家庭是否有党员条件下农机社会化服务

采纳程度对非农就业与兼业的影响

变量名称	非农就业		兼　业	
	有党员	无党员	有党员	无党员
农机社会化服务采纳程度	0.341**	0.451***	0.336**	0.474***
	(0.141)	(0.106)	(0.163)	(0.074)
控制变量	控制	控制	控制	控制
常数项	0.198	0.822***	0.247	0.830***
	(0.281)	(0.165)	(0.225)	(0.135)
Pseudo R^2	0.157	0.130	0.209	0.248
样本量	191	543	191	543

注：*、**、***分别表示在10%、5%和1%的显著性水平下通过检验，括号内数值为稳健标准误。

5.4.5.5　按劳动力数量分组

从表5-21、表5-22可知，以劳动力数量均值分组的两个样本，农机社会化服务采纳行为及采纳程度对非农就业和兼业都有正向显著影响，和总体样本结果一致，说明农户家庭劳动力数量不存在异质性。

表 5 - 21 不同劳动力数量下农机社会化服务行为对非农就业与兼业的影响

变量名称	非农就业		兼 业	
	高于均值	低于或等于均值	高于均值	低于或等于均值
农机社会化服务采纳行为	0.243***	0.202***	0.187***	0.211***
	(0.035)	(0.037)	(0.020)	(0.034)
控制变量	控制	控制	控制	控制
常数项	0.525***	0.898***	−0.068	0.658***
	(0.171)	(0.183)	(0.087)	(0.163)
Pseudo R^2	0.217	0.150	0.400	0.168
样本量	278	456	278	456

注：*、**、***分别表示在 10%、5% 和 1% 的显著性水平下通过检验，括号内数值为稳健标准误。

表 5 - 22 不同劳动力数量下农机社会化服务采纳程度对非农就业与兼业的影响

变量名称	非农就业		兼 业	
	高于均值	低于或等于均值	高于均值	低于或等于均值
农机社会化服务采纳程度	0.341**	0.451***	0.336**	0.474***
	(0.141)	(0.106)	(0.163)	(0.074)
控制变量	控制	控制	控制	控制
常数项	0.198	0.822***	0.247	0.830***
	(0.281)	(0.165)	(0.225)	(0.135)
Pseudo R^2	0.157	0.130	0.209	0.248
样本量	191	543	191	543

注：*、**、***分别表示在 10%、5% 和 1% 的显著性水平下通过检验，括号内数值为稳健标准误。

5.5 本章小结

本章主要研究农机社会化服务对劳动力资源配置的影响，基于 734 份江西省水稻种植户一对一的问卷调研数据，运用了 OLS、IV-Tobit、2SLS、倾向得分匹配法、中介效应模型，重点探讨了农机社会化服务对非农就业与兼业的影响，主要结论如下。

（1）农机社会化服务对非农就业与兼业的基准回归结果显示，农机社会化服务显著正向影响非农就业与兼业，说明随着采纳农机社会化服务及采纳程度增加，非农就业与兼业比例会提升，农机社会化会促进农村劳动力转移和兼业，从控制变量来看，年龄均负向显著影响非农就业和兼业，教育程度均正向显著影响非农就业和兼业，风险偏好均负向显著影响非农就业和兼业，家庭劳动力数量正向显著影响非农就业，家庭劳动力数量负向显著影响兼业，种植面积负向显著影响非农就业和兼业，水稻种植决策者种植年限负向显著影响非农就业，水稻种植决策者种植年限负向影响兼业，但不显著；村庄是否城郊村负向显著影响兼业，村庄是否城郊村，负向影响非农就业，但不显著，交通便利程度正向显著影响兼业，但对非农就业影响却不显著。

（2）通过替换自变量、因变量、估计方法进行稳健性检验，分别用收割环节是否采纳农机社会化服务来替换农机社会化采纳行为及采纳程度、用农户家庭收入来替换非农就业与兼业，用 IV-Tobit 替换 OLS 估计，农机社会化服务对非农就业与兼业的影响和基准回归结果保持一致。

（3）用工具变量法解决本章核心自变量与因变量互为因果的内生性问题，两阶段最小二乘法显示工具变量同村其他成员采纳农机社会化服务行为及程度均值分别正向显著影响核心自变量农机社会化服务行为及程度，农机社会化服务行为及程度正向显著影响非农就业与兼业，用倾向得分匹配法解决样本自选择问题，发现结果与基准回归结果一致。

（4）采用单位土地面积上农业劳动力投入作为机制变量，分析农机社会化服务对劳动力资源配置的影响，发现农机社会化服务采纳行为及采纳程度对每亩劳动力投入具有负向显著影响，即采纳农机服务及提高采纳程度，能减少每亩土地劳动力投入，这显示了农机社会化服务的替代效应，同时中介效应分析表明，农机社会化服务采纳行为及采纳程度通过减少每亩土地的劳动力投入来促进非农就业。

（5）异质性分析表明，将样本按赣北、赣中、赣南分组，研究发现，在农机社会化服务采纳行为对劳动力转移的影响方面，赣北、赣中呈正向显著影响，赣南呈负向影响且不显著；在农机社会化服务采纳行为对劳动力兼业的影响方面，赣北、赣南呈正向显著影响，赣中呈正向影响但不显著；在农机社会化服务采纳程度对劳动力转移和劳动力兼业的影响方面，都是赣北、赣中呈正向显著影响，赣南呈正向影响但不显著；这些说明赣北、赣中、赣南地区存在异质性。按家中是否有党员为标准进行分组，发现家中有党员和家中无党员两组样本，农机社会化服务采纳行为及采纳程度对非农就业和兼业均呈正向显著影响，但总体样本中，家中是否有党员对非农就业和兼业没有显著影响，说明家中是否有党员存在异质性。以决策者年龄均值分组，两组均呈正向显著影响，但总体样本是负向显著影响，说明分组样本与总体样本存在异质性。决策者受教育程度、劳动力数量都按均值来分组，发现农机社会化服务采纳行为及采纳程度对非农就业和兼业均呈正向显著影响，与总体样本结果一致，不存在异质性。

6 农机社会化服务对土地转入的影响

6.1 问题的提出

全国土地流转面积从 2006 年的 0.56 亿亩，增加到 2020 年的 5.32 亿亩，农地流转率从 4.72% 提高到 34.06%（李尚蒲、张路瑶，2022），尽管农地流转率在上升，但依然赶不上劳动力转移的速度。土地作为生产要素，只有合理配置，才能产生最大效益（马晓河、崔红志，2002）。农地资源配置一直是我国重要的研究课题，著名经济学家林毅夫较早研究了我国家庭联产承包责任制对农业生产的影响，认为家庭联产承包责任制调动了农民的生产活力，促进了农业和土地生产率（Lin，1992）。随后姚洋（2000）提出富有弹性的农地制度能促进资源配置效率的观点，张红宇（2002）认为转包、转让、互换等土地流转形式，提高了农地资源配置效率，黄祖辉和王朋（2008）研究了浙江农村土地流转现状及问题，提出应完善土地流转中介组织，促进土地高效有序集中的对策，自 2011 年全国开始试点农地确权制度，很多学者研究农地确权对土地流转的影响，大部分学者认为农地确权促进了土地流转（程令国等，2016；胡新艳、罗必良，2016；许庆等，2017）。

除了农地确权对土地流转影响较大外，近年来很多学者研究农机社会化服务对土地流转的影响。大部分学者认为，农业生产性服务、农业社会化服务、农机社会化服务、农业生产环节外包能促进土地流转，实现规模经营（王志刚等，2011；刘强、杨万江，2016；姜松等，2016；徐盼等，2019；翁贞林、徐俊丽，2019；Qian et al.，2022），农业生产性服务外包，会抑制劳动力转移对农地转出的促进作用（檀竹平等，2022）。胡新艳等（2021）发现农业服务外包对农户农地流转行为的影响并非线性关系，而是"U"形曲线关系。董欢和郭晓鸣（2014）认为农机社会化服务没有促进土地经营规模扩张，李尚蒲和张路瑶（2022）认为外包服务因为价格上升促进农地转出进而退出农地经营。应健全农业社会化服务体系，通过服务的规模化来实现小农户与现代农业发展的有机衔接（孔祥智、穆娜娜，2018）。

关于农机社会化服务对土地流转影响的现有研究成果观点不一致，主流观点认为有促进效果，少部分学者认为外包服务促进农民退出农地经营（李尚蒲、张路瑶，2022），这些研究成果为本书的研究奠定了坚实的基础，但仍存在需要完善的地方。本章在以下方面可能具有创新：一是稳健性检验更加全面，本章将采用替换自变量、因变量、估计方法多方面来进行稳健性检验；二是本章将进行深入的机制分析和异质性分析；三是本章采用江西水稻种植户数据，研究农机社会化服务对土地转入的影响。江西作为水稻主产区的典型代表，江西水稻种植户采纳农机社会化服务状况对土地转入行为与土地转入规模的影响会是怎样？所以，本章将基于分工理论、农户行为理论、生产要素理论、诱致性技术创新理论，利用江西省 734 份水稻种植户微观调研数据，分析农机社会化服务对土地流转的影响机制。

6.2 理论分析与研究假说

农机社会化服务具有分工效应，农机社会化服务能促进农业分工，农户农机服务可得性增强，农户更愿意采纳农机服务，增加采纳农机服务环节数，提高农机服务采纳程度，节约劳动力，如果农户决定专注农业生产，将会选择转入土地，扩大农业经营规模。

农机社会化服务具有收入效应，农机社会化服务促进劳动力转移，增加非农收入，农机社会化服务促进兼业，增加家庭总收入，如果农户决定专注农业生产，将有更多资金投入农业，农户将会选择转入土地，扩大农业经营规模，进一步促进农户家庭总收入。

农机社会化服务具有技术效应，当农户采纳农机社会化服务，服务所包含的农业技术通过农业机械导入到农业生产中，促进了农业生产效率，由于农机社会化服务的发展，工厂化育秧、机械直播、无人机打药等农业技术和设备可得性越来越高，有效缓解了农业生产的技术约束，增加了农业收入，从而促进农户扩大土地经营规模（杨子等，2019）。

农机社会化服务具有替代效应（翁贞林、徐俊丽，2019；刘艳等，2022），它能节约劳动力，当一个家庭出现劳动力剩余，有多种方式去利用剩余劳动力，一种是外出务工，一种是扩大土地经营规模。扩大规模经营就需要转入土地，农业社会化服务能通过缓解劳动力和技术约束促进土地转入，促进土地规模经营的发展（杨子等，2019）。农机社会化服务和农业生产服务外包促进农地转入（万晶晶、钟涨宝，2020；徐晶、张正峰，2021）；随着农户承包面积增大，服务外包促进农地转入效应增强（洪炜杰，2019），小农户采用农机服务通过农业劳动力投入、农业技术应用和农业收入等机制促进农地转入（刘艳等，2022）。

因此，本书提出假说：

H（6-1）：农机社会化服务采纳行为及采纳程度均能促进土地转入行为。

H（6-2）：农机社会化服务采纳行为及采纳程度均能促进土地转入规模。

农机服务既可以替代劳动让农户扩大经营规模，又可以通过节省农户自行购买农机所需资金，缓解资金约束从而促进土地经营规模（朱建军等，2023）。农机社会化服务通过减少单位面积劳动力投入来节约劳动力，激励有留农意愿且有务农优势的农户转入土地，扩大经营规模（陈江华等，2021；阮若卉、陈江华，2023）。因此，本书提出假说：

H（6-3）：农机社会化服务采纳行为及采纳程度均能通过减少单位土地农业劳动力投入扩大土地转入规模。

6.3 模型构建与变量选取

6.3.1 模型构建

6.3.1.1 基准回归模型设定

为分析农机社会化服务对土地转入行为及规模的影响，设定以下模型。

$$Y_i = \alpha_0 + \alpha_1 Service_i + \alpha_2 D_i + \varepsilon_1 \qquad (6-1)$$

其中，Y_i 表示土地转入行为与土地转入规模，$Service_i$ 表示农机社会化服务，D_i 表示控制变量构成的矩阵，包括决策者特征变量、家庭特征变量和村庄变量。α_0 为常数项，α_1 和 α_2 为待估系数，ε_1 表示随机扰动项。模型（6-1）为是否采纳农机社会化服务对土地转入行为的回归，模型（6-2）在模型（6-1）基础上加入了控制变量，模型（6-3）为采纳农机社会化服务程度对土地转入行为的回归，模型（6-4）在模型（6-3）基础上加入了控制变量，模型（6-5）为是否采纳农机社会化服务对土地转入规模的回归，模型（6-6）在模型（6-5）基础上加入了控制变量，模型（6-7）为采纳农机社会化服务程度对土地转入规模的回归，模型（6-8）在模型（6-7）基础上加入了控制变量。基准模型中，土地转入行为是二分类变量，转入赋值为1，未转入赋值为0，分析农机社会化服务行为对土地转入行为时，基准模型是 Probit，分析农机社会化服务行为对土地转入规模时，土地转入规模是连续变量，所以基准模型是 OLS。

6.3.1.2 机制检验模型设定

为进一步揭示农机社会化服务影响土地转入规模的作用机制，本书进一步构建回归模型，主要分析农机社会化服务对土地转入规模的影响路径。为验证前文假说 H（6-3），参考温忠麟和叶宝娟（2014）的研究，结合公式（6-1），并构建如下回归模型进行机制检验。具体回归模型如下：

$$M_i = \beta_0 + \beta_1 Service_i + \beta_2 D_i + \varepsilon_2 \qquad (6-2)$$

$$Y_i = \gamma_0 + \gamma_1 Service_i + \varphi_0 M_i + \gamma_2 D_i + \varepsilon_3 \qquad (6-3)$$

其中，M_i 是中介变量，指单位土地劳动力投入，Y_i 表示土地转入规模，β_0、γ_0 为常数项，β_1、β_2、γ_1、γ_2、φ_0 为待估系数，ε_2、ε_3 为随机扰动项。

在作用机制分析过程中，本书依据温忠麟和叶宝娟（2014）的研究方法，分三步以检验中介变量（单位土地农业劳动力投入）在农机社会化服务对土地转入规模影响过程中的中介效应。第一步，不引入中介变量 M_i，直接将土地转入规模对农机社会化服务做回归，检验农机社会化服务 $Service_i$ 对土地转入规模 Y_i 的影响，观察公式（6-1）中的回归系数 α_1 是否显著；第二步，将中介变量纳入公式（6-2）并进行归回，检验农机社会化服务 $Service_i$ 对单位土地劳动力投入 M_i 的影响，观察公式（6-2）中的回归系数 β_1 是否显著；第三步，同时将农机社会化服务 $Service_i$ 与中介变量 M_i 纳入公式（6-3）并进行回归，检验农机社会化服务与单位土地劳动力投入同时对土地转入规模的影响，观察公式（6-3）中的回归系数 γ_1、φ_0 是否显著。当回归系数 α_1、β_1、γ_1 和 φ_0 均显著，且 $\alpha_1 > \gamma_1$ 时，则中介变量发挥部分中介效应，$\beta_1 \varphi_0 / \alpha_1$ 为中介效应占总效应比重；当回归系数 α_1、β_1 和 φ_0 均显著，而 γ_1 不再显著时，则中介变量具有完全中介效应。

6.3.2 变量选取

（1）被解释变量。 本章选取的被解释变量为转入土地行为和转入土地规模，分别用农户是否转入土地和土地转入率来衡量。转入土地用 1 表示，未转入土地用 0 表示，土地转入率，即土地转入面积与经营总面积的比值。转入土地面积越多，表明农户越倾向于规模经营。

（2）核心解释变量。 本书选择的核心解释变量是农机社会化服务，主要是指农户农机社会化服务采纳行为及采纳程度，关于采纳行为，参考杨思雨和蔡海龙（2020）的研究，采纳了农机社会化服务用 1 表示，未采纳农机社会化服务用 0 表示。关于采纳程度，借鉴（江雪萍、李大伟，2017）的研究，用采纳农机社会化服务环节数与水稻种植所有环节数的比值表示。

（3）机制变量。借鉴陈江华等（2021）的研究，本书选择单位土地农业劳动力投入作为机制变量。单位土地农业劳动力投入采用农业劳动力人数与耕地面积之比来衡量，即农户家庭平均每亩耕地投入劳动力数量。

（4）控制变量。借鉴已有研究，从决策者特征、家庭特征、村庄特征三方面选取控制变量，具体控制变量和第五章一致。①决策者特征。采用决策者性别、年龄、受教育程度、健康状况、风险偏好 5 个变量来反映决策者特征。②农户家庭特征。采用家中是否有党员、劳动力人数、水稻种植面积、水稻种植年限、土地是否连片作为测度被访农户家庭特征的变量。③村庄特征。考虑到村庄条件可能对农村劳动力转移产生影响，选取是否城郊村、村庄地形与村庄交通状况作为控制变量。

（5）描述性统计分析。表 6-1 展示了本章所用变量的赋值情况说明及描述性统计结果。从表 6-1 可以看出，转入土地的农户比例为 61%，可见土地流转越来越普遍，土地转入率均值为 0.42。自变量与控制变量的描述性统计分析和第五章一致，这里不再阐述。

表 6-1 变量定义与描述性分析

变量类型	变量名称	变量测度	均值	标准差
因变量	土地转入行为	转入土地=1，未转入土地=0	0.61	0.49
	土地转入规模	土地转入面积与总经营面积的比值	0.42	0.38
自变量	农机社会化服务采纳行为	农户在水稻种植过程中是否采纳农业机械化社会服务	0.80	0.40
	农机社会化服务采纳程度	采纳环节数占种植环节总数的比例	0.20	0.15
中介变量	单位土地农业劳动力投入	农业劳动力人数与水稻种植面积之比	0.26	0.33
工具变量	村庄其他人员采纳农机社会化服务行为的均值	村庄其他人员采纳农机社会化服务行为的均值	0.79	0.30
	村庄其他人员采纳农机社会化服务程度的均值	村庄其他人员采纳农机社会化服务程度的均值	0.20	0.09
控制变量	性别	水稻种植决策者性别：男=1，女=0	0.96	0.20
个人特征	年龄	水稻种植决策者实际年龄	56.65	9.69
	受教育程度	水稻种植决策者受教育程度：1=小学及以下，2=初中，3=高中/中专/技校/职高，4=大专，5=大学本科及以上	1.74	0.77
	健康状况	水稻种植决策者健康状况：1=无劳动能力，2=差，3=中，4=良，5=优	4.23	0.80

（续）

变量类型	变量名称	变量测度	均值	标准差
	风险偏好	水稻种植决策者风险偏好：1＝风险规避，2＝风险中立，3＝风险偏好	1.53	0.67
家庭特征	党员	家庭是否有中共党员：是＝1，否＝0	0.26	0.44
	劳动力人数	家庭劳动力实际数量	3.06	1.02
	种植面积	水稻种植面积（亩）	18.42	15.08
	种植年限	水稻种植实际年限	29.69	14.54
	土地连片程度	1＝很分散，2＝较为分散，3＝部分连片，4＝都连片	2.65	0.95
村庄特征	村庄是否城郊村	是＝1，否＝0	0.06	0.24
	村庄地形	1＝山地，2＝丘陵，3＝平原	2.39	0.65
	村庄交通便利程度	1＝很差，2＝较差，3＝一般，4＝较好，5＝很好	3.74	0.87

6.4　计量结果与分析

6.4.1　基准回归结果

本章首先采用OLS进行估计，从表6-2、表6-3可以看到，模型（6-1）、模型（6-3）、模型（6-5）、模型（6-7）都是只将核心自变量农机社会化服务采纳行为或农机社会化服务采纳程度纳入分析，其对土地转入行为和土地转入规模的影响均为显著，且都在1％统计水平上正向显著；模型（6-2）、模型（6-4）、模型（6-6）、模型（6-8）都是加入了控制变量进行回归，结果仍为正向显著；以上模型都控制了地区，表明模型与数据适配度优良。基准回归模型结果显示，是否采纳农机社会化服务与采纳程度都对土地转入行为和土地转入规模有显著正向影响，表明采纳农机社会化服务行为与采纳程度越高，农户家庭转入土地比例越高，规模越大，这与预期结果完全一致，验证了假说H（6-1）与H（6-2）。

从控制变量来看。个体特征。水稻种植决策者性别正向显著影响土地转入行为与规模，说明如果决策者是男性，则倾向于转入土地，扩大经营规模，一般来说，中国从事农业的家庭，大部分决策权由男性掌握；风险偏好负向显著影响土地转入行为，说明水稻种植决策者越是偏好风险，其家庭转入土地行为比例更低，可能偏好风险的农民认为农业风险不大，想找到风险更大的工作，有离农倾向，抑制转入土地，维持现有规模经营。

家庭特征。种植面积正向显著影响土地转入行为和土地转入规模，说明种植面积越大，越倾向于土地转入，土地转入比例增大，扩大规模经营；土地连片程度正向显著影响土地转入规模，说明土地越连片，土地转入比例越高，经营规模越大。

村庄特征。村庄地形负向显著影响土地转入行为及土地转入规模，越是平原，转入率越低，这可能是因为平原地形，原本家庭承包稻田面积较大，转入稻田面积就显得较小。

表6-2 农机社会化服务对土地转入行为影响的回归结果

变量名称	土地转入行为			
	模型（6-1）	模型（6-2）	模型（6-3）	模型（6-4）
农机社会化服务采纳行为	0.579***	0.511***		
	(0.120)	(0.164)		
农机社会化服务采纳程度			1.417***	0.923*
			(0.345)	(0.482)
性别		0.500**		0.518**
		(0.252)		(0.248)
年龄		−0.010		−0.009
		(0.009)		(0.009)
受教育程度		−0.100		−0.096
		(0.083)		(0.083)
健康状况		−0.099		−0.102
		(0.078)		(0.077)
风险偏好		−0.153*		−0.146
		(0.091)		(0.091)
党员		0.017		0.021
		(0.145)		(0.145)
劳动力人数		0.059		0.078
		(0.068)		(0.067)
种植面积		0.099***		0.098***
		(0.009)		(0.009)
种植年限		0.001		0.001
		(0.006)		(0.006)

（续）

变量名称	土地转入行为			
	模型（6-1）	模型（6-2）	模型（6-3）	模型（6-4）
土地连片程度		−0.031		−0.038
		(0.063)		(0.062)
村庄是否城郊村		0.130		0.041
		(0.279)		(0.275)
村庄地形		−0.285***		−0.293***
		(0.095)		(0.095)
村庄交通便利程度		0.054		0.054
		(0.075)		(0.073)
常数项	−0.467***	0.143	−0.242*	0.297
	(0.159)	(0.687)	(0.137)	(0.686)
区域虚拟变量	控制	控制	控制	控制
Pseudo R^2	0.030	0.380	0.025	0.373
样本量	734	734	734	734

注：*、**、*** 分别表示在 10%、5% 和 1% 的显著性水平下通过检验，括号内数值为稳健标准误。

表6-3　农机社会化服务对土地转入规模影响的回归结果

变量名称	土地转入规模			
	模型（6-5）	模型（6-6）	模型（6-7）	模型（6-8）
农机社会化服务采纳行为	0.146***	0.090***		
	(0.035)	(0.029)		
农机社会化服务采纳程度			0.377***	0.188***
			(0.093)	(0.072)
性别		0.126**		0.131***
		(0.050)		(0.049)
年龄		−0.001		−0.001
		(0.002)		(0.002)
受教育程度		−0.019		−0.019
		(0.015)		(0.015)
健康状况		−0.002		−0.001
		(0.013)		(0.014)

（续）

变量名称	土地转入规模			
	模型（6-5）	模型（6-6）	模型（6-7）	模型（6-8）
风险偏好		−0.011		−0.012
		(0.016)		(0.016)
党员		−0.017		−0.019
		(0.025)		(0.025)
劳动力人数		0.009		0.011
		(0.011)		(0.011)
种植面积		0.017***		0.017***
		(0.001)		(0.001)
种植年限		−0.001		−0.001
		(0.001)		(0.001)
土地连片程度		0.019*		0.018
		(0.011)		(0.011)
村庄是否城郊村		0.061		0.052
		(0.047)		(0.048)
村庄地形		−0.061***		−0.065***
		(0.017)		(0.017)
村庄交通便利程度		0.009		0.010
		(0.013)		(0.012)
常数项	0.230***	0.150	0.282***	0.179
	(0.047)	(0.123)	(0.042)	(0.123)
区域虚拟变量	控制	控制	控制	控制
Pseudo R^2	0.029	0.481	0.027	0.478
样本量	734	734	734	734

注：*、**、***分别表示在10%、5%和1%的显著性水平下通过检验，括号内数值为稳健标准误。

6.4.2 稳健性检验

6.4.2.1 替换因变量

农户采纳农机社会化服务，能节约劳动，促进土地转入，可能促进农业收入提升，从农户行为学理论看，农户追求利益最大化，对家庭土地资源做出合理配置，达到家庭收入最大化，家庭效益最大化，本书用农户家庭农业收入替代土地转入行为与转入规模，做稳健性检验，农业收入是用农业收入加1再取对数来衡量。从模型（6-9）、模型（6-10）可以知道，农机社会化服务采纳行为及采纳程度均正向显著影响农户农业收入，说明越是采纳农机服务，采纳农机服务程度越高，农业收入越高（表6-4）。

表6-4 农机社会化服务对农户农业收入影响的回归结果

变量名称	农业收入	
	模型（6-9）	模型（6-10）
农机社会化服务采纳行为	0.330***	
	(0.077)	
农机社会化服务采纳程度		0.819***
		(0.249)
性别	0.099	0.121
	(0.173)	(0.179)
年龄	−0.001	−0.001
	(0.005)	(0.005)
受教育程度	0.017	0.014
	(0.042)	(0.042)
健康状况	0.008	0.012
	(0.040)	(0.040)
风险偏好	−0.011	−0.011
	(0.045)	(0.045)
党员	0.036	0.028
	(0.075)	(0.074)
劳动力人数	0.037	0.045
	(0.032)	(0.032)
种植面积	0.053***	0.053***
	(0.002)	(0.002)
种植年限	−0.008***	−0.008**
	(0.003)	(0.003)
土地连片程度	0.001	−0.001
	(0.034)	(0.033)
村庄是否城郊村	0.321***	0.296***
	(0.107)	(0.104)

（续）

变量名称	农业收入	
	模型（6-9）	模型（6-10）
村庄地形	0.028	0.006
	(0.052)	(0.052)
村庄交通便利程度	0.137***	0.135***
	(0.036)	(0.036)
常数项	7.662***	7.767***
	(0.432)	(0.433)
区域虚拟变量	控制	控制
Pseudo R^2	0.518	0.516
样本量	734	734

注：*、**、***分别表示在10%、5%和1%的显著性水平下通过检验，括号内数值为稳健标准误。

6.4.2.2 替换核心自变量

收割环节采纳农机服务的均值为 0.77，说明有 77% 农户在收割环节采纳了农机服务，收割环节采纳农机服务可以替代农户采纳农机服务行为及采纳程度进行稳健性检验，从表 6-5 可知，收割环节采纳农机服务行为正向显著影响土地转入行为和土地转入规模，说明收割环节采纳农机服务，能促进土地转入，扩大经营规模，说明替换核心自变量，结果依然稳健。

表 6-5 收割环节采纳农机社会化服务行为对土地转入
行为和土地转入规模影响的回归结果

变量名称	土地转入行为	土地转入规模
	模型（6-11）	模型（6-12）
收割环节是否采纳农机社会化服务	0.391***	0.082***
	(0.152)	(0.027)
性别	0.474*	0.123**
	(0.252)	(0.050)
年龄	−0.009	−0.001
	(0.009)	(0.002)
受教育程度	−0.098	−0.018
	(0.083)	(0.014)

（续）

变量名称	土地转入行为	土地转入规模
	模型（6-11）	模型（6-12）
健康状况	-0.097	-0.002
	(0.077)	(0.013)
风险偏好	-0.149	-0.011
	(0.091)	(0.017)
党员	0.019	-0.017
	(0.145)	(0.025)
劳动力人数	0.067	0.009
	(0.067)	(0.011)
种植面积	0.098	0.017***
	(0.009)	(0.001)
种植年限	0.001	-0.001
	(0.006)	(0.001)
土地连片程度	-0.037	0.019*
	(0.063)	(0.011)
村庄是否城郊村	0.084	0.059
	(0.275)	(0.048)
村庄地形	-0.287***	-0.062***
	(0.095)	0.017
村庄交通便利程度	0.062	0.010
	(0.074)	(0.013)
常数项	0.195	0.157
	(0.688)	(0.123)
区域虚拟变量	控制	控制
Pseudo R^2	0.376	0.480
样本量	734	734

注：*、**、*** 分别表示在 10%、5% 和 1% 的显著性水平下通过检验，括号内数值为稳健标准误。

6.4.2.3 更换估计方法

本章因变量为土地转入行为和土地转入规模，其中土地转入行为是二分类变量，土地转入行为会反向影响农机社会化服务采纳，所以用 IV-Probit 模型进行再估计，因为第五章已经汇报了第一阶段结果，本章只汇报第二阶段结果。土地转入率的取值介于0~1，属于因变量取值受限类型，而且土地转入可以促进农机社会化服务的采纳，核心自变量与因变量属双向因果关系，故采用IV-Tobit模型再估计。借鉴刘艳等（2022）的研究，选取村庄其他农户农机服务采纳行为均值作为农户农机服务采纳行为的工具变量，选取村庄其他农户农机服务采纳程度均值作为农户农机服务采纳程度的工具变量，从表6-6可知，模型（6-13）至模型（6-16）均显示，农户采纳农机社会化服务行为及采纳程度均正向显著影响土地转入行为和土地转入规模，这和基准回归结果一致，说明模型非常稳健。

表6-6　农机社会化服务对土地转入行为的IV-Probit模型估计结果、
农机社会化服务对土地转入规模的IV-Tobit模型估计结果

变量名称	土地转入行为			土地转入规模		
	模型 （6-13） （IV-Probit）	模型 （6-14） （IV-Probit）	模型 （6-15） （IV-Tobit）	模型 （6-16） （IV-Tobit）	模型 （6-17） （2SLS）	模型 （6-18） （2SLS）
农机社会化服务采纳行为	0.820***		0.277***		0.174***	
	(0.267)		(0.074)		(0.046)	
农机社会化服务采纳程度		3.924***		1.062***		0.661***
		(1.098)		(0.287)		(0.182)
性别	0.508*	0.620**	0.205**	0.232**	0.125**	0.143***
	(0.280)	(0.295)	(0.090)	(0.092)	(0.050)	(0.049)
年龄	−0.011	−0.012	−0.002	−0.002	−0.001	−0.001
	(0.010)	(0.010)	(0.003)	(0.003)	(0.002)	(0.002)
受教育程度	−0.103	−0.122	−0.027	−0.033	−0.020	−0.023
	(0.086)	(0.090)	(0.023)	(0.024)	(0.015)	(0.015)
健康状况	−0.104	−0.108	−0.008	−0.005	−0.003	−0.001
	(0.078)	(0.082)	(0.021)	(0.022)	(0.013)	(0.014)
风险偏好	−0.153*	−0.133	−0.022	−0.020	−0.010	−0.008
	(0.089)	(0.094)	(0.025)	(0.026)	(0.016)	(0.017)
党员	0.015	−0.005	−0.017	−0.028	−0.017	−0.023
	(0.142)	(0.148)	(0.039)	(0.040)	(0.025)	(0.025)
劳动力人数	0.053	0.076	0.014	0.021	0.006	0.010
	(0.065)	(0.067)	(0.018)	(0.018)	(0.011)	(0.011)
种植面积	0.099***	0.096***	0.024***	0.023***	0.017***	0.017***
	(0.008)	(0.008)	(0.001)	(0.001)	(0.001)	(0.001)

（续）

变量名称	土地转入行为			土地转入规模		
	模型 (6-13) (IV-Probit)	模型 (6-14) (IV-Probit)	模型 (6-15) (IV-Tobit)	模型 (6-16) (IV-Tobit)	模型 (6-17) (2SLS)	模型 (6-18) (2SLS)
种植年限	0.001	1.09e−06	−0.001	−0.001	−0.001	−0.001
	(0.006)	(0.007)	(0.002)	(0.002)	(0.001)	(0.001)
土地连片程度	−0.024	0.023	0.015	0.015	0.020*	0.020*
	(0.062)	(0.065)	(0.017)	(0.018)	(0.011)	(0.012)
村庄是否城郊村	0.236	0.302	0.098	0.107	0.083*	0.085*
	(0.285)	(0.296)	(0.072)	(0.074)	(0.046)	(0.048)
村庄地形	−0.300***	−0.420***	−0.089***	−0.124***	−0.064***	−0.085***
	(0.099)	(0.112)	(0.027)	(0.030)	(0.018)	(0.019)
村庄交通状况	0.041	0.016	0.021	0.013	0.007	0.004
	(0.071)	(0.075)	(0.020)	(0.021)	(0.012)	(0.013)
常数项	0.049	0.277	−0.152	−0.053	0.121	0.174
	(0.716)	(0.744)	(0.203)	(0.207)	(0.123)	(0.124)
区域虚拟变量	控制	控制	控制	控制	控制	控制

注：*、**、***分别表示在10%、5%和1%的显著性水平下通过检验，括号内数值为稳健标准误。

6.4.3　内生性讨论

由于农机社会化服务与土地转入行为和土地转入规模存在反向因果关系，导致模型产生内生性问题，因此，进一步采用工具变量法进行估计，以提高模型估计结果的一致性与无偏性。借鉴刘艳等（2022）的研究，本书选取村庄其他农户农机服务采纳行为均值作为农户农机服务采纳行为的工具变量，选取村庄其他农户农机服务采纳程度均值作为采纳农机服务程度的工具变量，用2SLS进行估计，表6-6中模型（6-17）、模型（6-18）结果显示，农户农机服务采纳行为及采纳程度均正向显著影响土地转入规模，结果和基准回归结果一致，说明模型稳健。

6.4.4　机制分析

为验证上述假说，本研究通过采用中介效应模型研究农机社会化服务对土地转入规模的影响机制，本书借鉴陈江华等（2021）的研究，选择单位土地农业劳动力投入作为中介变量，进行机制分析，表 6-7 中模型（6-20）、模型（6-21）显示，农机社会化服务采纳行为及采纳程度对单位土地农业劳动力投入的影响均是显著为负，与预期一致，表明农机社会化服务能有效替代劳动力，降低家庭农业生产中单位土地农业劳动力数量，模型（6-22）、模型（6-23）显示，农机社会化服务采纳行为及采纳程度对土地转入规模影响显著为正，单位土地农业劳动力投入对土地转入规模影响显著为负，这说明单位土地农业劳动力投入作为中介变量，在农机社会化服务对土地转入规模的影响机制中发挥了部分中介作用，研究假说 H（6-3）得到了验证。

表 6-7　农机社会化服务对土地转入规模的作用机制检验结果

变量名称	单位土地农业劳动力投入		土地转入规模	
	模型（6-20）	模型（6-21）	模型（6-22）	模型（6-23）
农机社会化服务采纳行为	−0.050*		0.082***	
	(0.028)		(0.029)	
农机社会化服务采纳程度		−0.140**		0.167**
		(0.058)		(0.072)
单位土地农业劳动力投入			−0.152***	−0.154***
			(0.037)	(0.037)
性别	−0.017	−0.021	0.123**	0.128**
	(0.062)	(0.062)	(0.051)	(0.050)
年龄	0.002	0.002	−0.001	−0.001
	(0.002)	(0.002)	(0.002)	(0.002)
受教育程度	−0.005	−0.004	−0.019	−0.020
	(0.010)	(0.010)	(0.014)	(0.014)
健康状况	−0.004	−0.005	−0.003	−0.002
	(0.011)	(0.011)	(0.013)	(0.013)
风险偏好	0.009	0.008	−0.010	−0.010
	(0.015)	(0.015)	(0.016)	(0.016)
党员	−0.003	−0.001	−0.017	−0.019
	(0.024)	(0.024)	(0.025)	(0.025)
劳动力人数	0.034**	0.032**	0.014	0.016
	(0.017)	(0.016)	(0.011)	(0.011)
种植面积	−0.011***	−0.011***	0.016***	0.016***
	(0.001)	(0.001)	(0.001)	(0.001)

（续）

变量名称	单位土地农业劳动力投入		土地转入规模	
	模型（6-20）	模型（6-21）	模型（6-22）	模型（6-23）
种植年限	−0.001	−0.001	−0.001	−0.001
	(0.001)	(0.001)	(0.001)	(0.001)
土地连片程度	0.033**	0.034**	0.024**	0.024**
	(0.014)	(0.013)	(0.011)	(0.011)
村庄是否城郊村	−0.093***	−0.090***	0.047	0.038
	(0.028)	(0.028)	(0.049)	(0.049)
村庄地形	−0.052**	−0.048**	−0.069***	−0.073***
	(0.020)	(0.020)	(0.017)	(0.017)
村庄交通便利程度	−0.017	−0.016	0.007	0.007
	(0.011)	(0.010)	(0.013)	(0.013)
常数项	0.536***	0.520***	0.231*	0.259**
	(0.139)	(0.137)	(0.123)	(0.123)
区域虚拟变量	控制	控制	控制	控制
Pseudo R^2	0.383	0.383	0.492	0.489
样本量	734	734	734	734

注：*、**、***分别表示在10%、5%和1%的显著性水平下通过检验，括号内数值为稳健标准误。

6.4.5 异质性分析

6.4.5.1 按区域分组

从表6-8、表6-9可知，在农机社会化服务采纳行为对土地转入行为和土地转入规模的影响方面，赣北均呈正向显著影响，赣中、赣南均呈正向影响但不显著；说明与不采纳农机社会化服务相比，赣北地区采纳农机社会化服务会激发土地转入行为，扩大规模经营，按区域分组，农机社会化服务采纳行为对土地转入行为和土地转入规模的影响存在异质性。在农机社会化服务采纳程度对土地转入行为和土地转入规模的影响方面，只有赣北地区，农机社会化服务采纳程度对土地转入规模有正向显著影响，其他都呈正向影响但不显著；地区存在异质性，可能和资源禀赋有关，赣北地形以平原居多，赣中、赣南以丘陵山区居多。

表 6-8 不同区域下农机社会化服务采纳行为对
土地转入行为和土地转入规模的影响

变量名称	土地转入行为			土地转入规模		
	赣北	赣中	赣南	赣北	赣中	赣南
农机社会化服务采纳行为	0.574***	0.622	0.157	0.085***	0.116	0.056
	(0.182)	(0.827)	(0.419)	(0.033)	(0.094)	(0.112)
控制变量	控制	控制	控制	控制	控制	控制
常数项	−0.188	4.152	−4.834***	−0.028	0.196	−0.538
	(0.871)	(2.274)	(1.876)	(0.147)	(0.277)	(0.351)
Pseudo R^2	0.431	0.567	0.295	0.509	0.644	0.367
样本量	496	129	105	496	130	108

注：*、**、*** 分别表示在 10%、5%和 1%的显著性水平下通过检验，括号内数值为稳健标准误。

表 6-9 不同区域下农机社会化服务采纳程度对
土地转入行为和土地转入规模的影响

变量名称	土地转入行为			土地转入规模		
	赣北	赣中	赣南	赣北	赣中	赣南
农机社会化服务采纳程度	0.887	0.873	1.828	0.186**	0.250	0.174
	(0.557)	(1.612)	(1.391)	(0.083)	(0.178)	(0.330)
控制变量	控制	控制	控制	控制	控制	控制
常数项	0.191	4.772**	−3.952**	0.107	0.295	−0.435
	(0.910)	(2.361)	(1.802)	(0.151)	(0.288)	(0.353)
Pseudo R^2	0.420	0.570	0.319	0.513	0.647	0.371
样本量	496	129	105	496	130	108

注：*、**、*** 分别表示在 10%、5%和 1%的显著性水平下通过检验，括号内数值为稳健标准误。

6.4.5.2 按决策者年龄分组

从表 6-10、表 6-11 可知，高于平均年龄组和低于或等于平均年龄组，农机社会化服务采纳行为对土地转入行为和土地转入规模的影响都呈正向显著，但在农机社会化服务采纳程度对土地转入行为和土地转入规模的影响研究中，只有低于或等于平均年龄组农机社会化服务采纳程度对土地转入规模的影响呈正向显著影响，说明年龄存在异质性。

表 6-10   不同年龄条件下农机社会化服务行为对

土地转入行为和土地转入规模的影响

变量名称	土地转入行为		土地转入规模	
	高于均值	低于或等于均值	高于均值	低于或等于均值
农机社会化服务采纳行为	0.585**	0.508*	0.091**	0.104***
	(0.230)	(0.269)	(0.043)	(0.040)
控制变量	控制	控制	控制	控制
常数项	0.031	−0.552	0.353**	−0.002
	(0.835)	(0.785)	(0.164)	(0.124)
Pseudo R^2	0.313	0.495	0.440	0.549
样本量	366	368	366	368

注：*、**、***分别表示在10%、5%和1%的显著性水平下通过检验，括号内数值为稳健标准误。

表 6-11   不同年龄条件下农机社会化服务采纳程度对

土地转入行为和土地转入规模的影响

变量名称	土地转入行为		土地转入规模	
	高于均值	低于或等于均值	高于均值	低于或等于均值
农机社会化服务采纳程度	0.746	1.230	0.123	0.267***
	(0.649)	(0.853)	(0.116)	(0.095)
控制变量	控制	控制	控制	控制
常数项	0.304	−0.344	0.396**	0.039
	(0.803)	(0.802)	(0.161)	(0.121)
Pseudo R^2	0.301	0.491	0.433	0.548
样本量	366	368	366	368

注：*、**、***分别表示在10%、5%和1%的显著性水平下通过检验，括号内数值为稳健标准误。

6.4.5.3   按决策者受教育程度分组

从表 6-12、表 6-13 可知，农机社会化服务采纳行为在对土地转入行为和土地转入规模的影响方面，低于或等于决策者平均受教育程度组呈正向显著影响；高于决策者平均受教育程度组，呈正向影响但不显著；农机社会化服务采纳程度在对土地转入行为和土地转入规模的影响方面，高于决策者平均受教育程度组，呈正向显著影响，低于或等于决策者平均受教育程度组呈正向影响但不显著，说明决策者受教育程度存在异质性。

表 6-12　不同受教育程度下农机社会化服务采纳行为
对土地转入行为和土地转入规模的影响

变量名称	土地转入行为		土地转入规模	
	高于均值	低于或等于均值	高于均值	低于或等于均值
农机社会化服务采纳行为	0.290	0.945***	0.058	0.128***
	(0.219)	(0.267)	(0.037)	(0.046)
控制变量	控制	控制	控制	控制
常数项	−0.462	0.738	0.004	0.316*
	(0.961)	(1.094)	(0.176)	(0.176)
Pseudo R^2	0.344	0.492	0.443	0.577
样本量	415	319	415	319

注：*、**、***分别表示在10%、5%和1%的显著性水平下通过检验，括号内数值为稳健标准误。

表 6-13　不同受教育程度下农机社会化服务采纳程度
对土地转入行为和土地转入规模的影响

变量名称	土地转入行为		土地转入规模	
	高于均值	低于或等于均值	高于均值	低于或等于均值
农机社会化服务采纳程度	1.215*	0.521	0.222**	0.122
	(0.655)	(0.815)	(0.093)	(0.116)
控制变量	控制	控制	控制	控制
常数项	−0.436	1.170	0.017	0.384**
	(0.966)	(1.051)	(0.174)	(0.179)
Pseudo R^2	0.348	0.464	0.447	0.564
样本量	415	319	415	319

注：*、**、***分别表示在10%、5%和1%的显著性水平下通过检验，括号内数值为稳健标准误。

6.4.5.4　按家庭是否有党员分组

从表 6-14、表 6-15 可知，家庭有党员与家庭无党员两组样本，农机社会化服务采纳行为对土地转入行为和土地转入规模都有正向显著影响，在农机社会化服务采纳程度对土地转入行为影响方面，家庭有党员组呈正向显著影响，家庭无党员组呈正向影响但不显著，在农机社会化服务采纳程度对土地转入规模影响方面，家庭有党员组和家庭无党员两组样本，均呈正向显著影响，总体上家庭是否有党员对土地转入行为和土地转入规模都没有显著影响，说明家庭是否有党员存在异质性。

表 6 - 14 家庭是否有党员条件下农机社会化服务采纳行为对土地转入行为和土地转入规模的影响

变量名称	土地转入行为		土地转入规模	
	有党员	无党员	有党员	无党员
农机社会化服务采纳行为	1.116***	0.378**	0.146**	0.073**
	(0.329)	(0.182)	(0.063)	(0.033)
控制变量	控制	控制	控制	控制
常数项	0.307	−0.065	0.210	0.115
	(1.507)	(0.803)	(0.263)	(0.142)
Pseudo R^2	0.373	0.397	0.473	0.493
样本量	191	543	191	543

注：* 、** 、*** 分别表示在 10%、5%和 1%的显著性水平下通过检验，括号内数值为稳健标准误。

表 6 - 15 家庭是否有党员条件下农机社会化服务采纳程度对土地转入行为和土地转入规模的影响

变量名称	土地转入行为		土地转入规模	
	有党员	无党员	有党员	无党员
农机社会化服务采纳程度	2.333**	0.441	0.242*	0.171*
	(1.038)	(0.567)	(0.128)	(0.091)
控制变量	控制	控制	控制	控制
常数项	0.214	0.099	0.218	0.144
	(1.519)	(0.798)	(0.266)	(0.141)
Pseudo R^2	0.360	0.391	0.464	0.492
样本量	191	543	191	543

注：* 、** 、*** 分别表示在 10%、5%和 1%的显著性水平下通过检验，括号内数值为稳健标准误。

6.4.5.5 按家庭劳动力数量分组

从表 6 - 16、表 6 - 17 可知，以劳动力数量均值分组的两个样本，在农机社会化服务采纳行为对土地转入行为影响方面，低于或等于均值组显著，高于均值组不显著，在农机社会化服务采纳行为对土地转入规模影响方面，两组均显著，在农机社会化服务采纳程度对土地转入行为和土地转入规模影响方面，低于或等于均值组呈正向显著，高于均值组不显著且呈负向影响，说明家庭劳动力数量存在异质性。

表6-16 不同劳动力数量下农机社会化服务行为
对土地转入行为和土地转入规模的影响

变量名称	土地转入行为		土地转入规模	
	高于均值	低于或等于均值	高于均值	低于或等于均值
农机社会化服务采纳行为	0.491	0.574***	0.187***	0.211***
	(0.301)	(0.200)	(0.020)	(0.034)
控制变量	控制	控制	控制	控制
常数项	0.127	−0.031	−0.068	0.658***
	(1.350)	(0.887)	(0.087)	(0.163)
Pseudo R^2	0.376	0.406	0.400	0.168
样本量	278	456	278	456

注：*、**、***分别表示在10%、5%和1%的显著性水平下通过检验，括号内数值为稳健标准误。

表6-17 不同劳动力数量下农机社会化服务采纳程度
对土地转入行为和土地转入规模的影响

变量名称	土地转入行为		土地转入规模	
	高于均值	低于或等于均值	高于均值	低于或等于均值
农机社会化服务采纳程度	−0.395	1.581***	−0.024	0.294***
	(0.877)	(0.612)	(0.121)	(0.094)
控制变量	控制	控制	控制	控制
常数项	0.289	0.239	0.346	0.082
	(1.319)	(0.889)	(0.225)	(0.156)
Pseudo R^2	0.369	0.404	0.465	0.511
样本量	278	456	278	456

注：*、**、***分别表示在10%、5%和1%的显著性水平下通过检验，括号内数值为稳健标准误。

6.4.5.6 按经营规模分组

从表6-18、表6-19可知，以经营规模分组，在农机社会化服务采纳行为对土地转入行为和土地转入规模影响方面，高于均值组呈正向显著，低于或等于均值组呈正向影响但不显著，在农机社会化服务采纳程度对土地转入行为影响方面，两组均呈正向显著作用，在农机社会化服务采纳程度对土地转入规模影响方面，高于均值组呈正向显著，低于或等于均值组呈正向影响但不显著，说明经营规模存在异质性。

表 6 - 18 不同经营规模下农机社会化服务采纳程度
对土地转入行为和土地转入规模的影响

变量名称	土地转入行为		土地转入规模	
	高于均值	低于或等于均值	高于均值	低于或等于均值
农机社会化服务采纳行为	1.210***	0.245	0.120**	0.053
	(0.281)	(0.167)	(0.052)	(0.044)
控制变量	控制	控制	控制	控制
常数项	7.420	−0.317	0.774	0.150
	(1.812)	(0.761)	(0.207)	(0.188)
Pseudo R^2	0.242	0.052	0.196	0.054
样本量	310	424	310	424

注：*、**、*** 分别表示在 10%、5% 和 1% 的显著性水平下通过检验，括号内数值为稳健标准误。

表 6 - 19 不同经营规模下农机社会化服务采纳程度
对土地转入行为和土地转入规模的影响

变量名称	土地转入行为		土地转入规模	
	高于均值	低于或等于均值	高于均值	低于或等于均值
农机社会化服务采纳程度	2.005**	0.659***	0.221**	0.138
	(0.983)	(0.533)	(0.112)	(0.134)
控制变量	控制	控制	控制	控制
常数项	7.793	−0.253	0.840***	0.161
	(1.686)	(0.760)	(0.200)	(0.187)
Pseudo R^2	0.188	0.051	0.188	0.052
样本量	310	424	310	424

注：*、**、*** 分别表示在 10%、5% 和 1% 的显著性水平下通过检验，括号内数值为稳健标准误。

6.5 本章小结

本章主要研究农机社会化服务对土地转入的影响，基于 734 份江西省水稻种植户微观调研数据，运用了 OLS、IV-Tobit、2SLS、倾向得分匹配法、中介效应模型，重点探讨了农机社会化服务对土地转入行为与土地转入规模的影响，主要结论如下。

（1）农机社会化服务对土地转入行为与土地转入规模的基准回归结果显示，农机社会化服务显著正向影响土地转入行为与土地转入规模，说明随着采纳农机社会化服务及采纳程度增加，农户倾向土地转入，扩大经营规模，从控制变量来看，性别、种植面积均正向显著影响土地转入行为与土地转入规模，村庄地形均负向显著影响土地转入行为与土地转入规模，在农机社会化服务采纳行为对土地转入行为研究中，风险偏好呈负向显著影响，在农机社会化服务采纳行为对土地转入规模研究中，土地连片程度负向影响土地转入行为。

（2）通过替换自变量、因变量、估计方法进行稳健性检验，分别用收割环节是否采纳农机社会化服务来替换农机社会化采纳行为及采纳程度、用农户农业收入来替换土地转入行为与土地转入规模，用 IV-Tobit 替换 OLS 估计，稳健性检验结果和基准回归结果保持一致。

（3）用工具变量法解决本章核心自变量与因变量互为因果的内生性问题，两阶段最小二乘法显示，农机社会化服务采纳行为及采纳程度正向显著影响土地转入行为与土地转入规模。

（4）采用单位土地面积上农业劳动力投入作为机制变量，分析农机社会化服务对土地转入行为与土地转入规模的影响，发现农机社会化服务采纳行为及采纳程度对每亩劳动力投入具有负向显著影响，即采纳农机服务及提高采纳程度，能减少每亩土地劳动力投入，这显示了农机社会化服务的替代效应，同时中介效应分析表明，农机社会化服务采纳行为及采纳程度通过减少每亩土地的劳动力投入来促进土地转入，扩大规模经营。

（5）异质性分析表明，赣北、赣中、赣南地区存在异质性，以年龄、受教育程度、劳动力数量、经营规模都按均值来分组，发现农机社会化服务采纳行为及采纳程度对土地转入行为与土地转入规模均存在异质性，按家庭是否有党员为标准进行分组，发现家庭有党员和家庭无党员两组样本，与总体样本比较，在农机社会化服务采纳行为及采纳程度对土地转入行为与土地转入规模的影响方面，存在一定异质性。

7 | 农机社会化服务对农业资本投入的影响

7.1 问题的提出

农村家庭联产承包责任制的实施极大地释放了农村劳动力的活力（Lin，1992；Huang & Rozelle，1996），有效激发了农户农业生产投资的积极性，但长期反复的土地调整导致了土地产权的不稳定，降低了农户长期投资农机的意愿（胡雯等，2020）。自从国家出台农地确权相关文件并具体落实确权颁证工作后，关于农地确权是否能促进农户进行农业资本投入就成为非常重要的研究主题。

一些学者认为，农地确权能促进农户进行农业资本投入。地权安全性促进了农户生产性投资的意愿（焦娜，2018），显著增加了农户生产性投资总量（林文声、王志刚，2018）。农地确权通过提高地权安全性、地权可交易性以及信贷可得性促进农户农业投资（林文声等，2017），农地确权促进了农户有机肥的施用量（黄季焜、冀县卿，2012）。

一些学者认为，农地确权不一定能促进农户进行农业资本投入。地权稳定性没有显著影响农户农业投资总量，土地经营收益与贷款可获性才是农户农业投资的重要因素，并认为增加非农就业机会能扩大农户土地经营规模、提高土地经营收益，从而促进农户的农业投资（钟甫宁、纪月清，2009），经营规模会影响农业机械投入和农机服务费用（纪月清、钟甫宁，2011）。

关于外出务工、非农就业，规模经营是否能促进农业投资，也有不同观点，外出务工对农业生产投资有显著负向影响，随着农户外出务工人数比例的提升，农户会减少农业生产投资，外出务工并不能促进农业机械投资（刘承芳等，2002；刘荣茂、马林靖，2006；钱龙、钱文荣，2018；钱龙等，2021）。土地规模经营能促进劳动节约型投资，抑制土地节约型投资（张笑寒、岳启凡，2019），不同类型的农地流转对转入户农业生产长期投资的影响具有差异

（张建等，2019），刘承芳等（2002）和吴笑语等（2020）均认为农户借贷规模与农业生产投资之间呈现显著正相关。林毅夫（1994）指出，小规模经营使得农业生产的资本边际生产率很低。所以实行规模经营是提高农业资本投入效益，增加资本边际生产率的理想路径。刘承芳等（2002）发现还有其房屋资产以及农村基础设施能显著影响农户生产性投资行为。家庭核心成员健康状况显著促进农业生产性资产投资（黄毅祥等，2023）。

除了以上影响因素，还有其他影响因素吗？胡新艳等（2020）发现农业服务外包与农户生产性投资存在显著替代效应。外包水平增加10％，农户生产性投资行为的概率降低3.21％，生产性投资总额降低29.24％。农户进行服务外包或采纳社会化服务，能够增强农地规模扩大对农业减量的促进作用。农户自购农机和生产环节外包是资本替代劳动两种方式（杨震宇等，2022）。胡雯等（2019）认为，农户购买农机还是购买服务主要考虑成本、风险、利润三个方面，农地经营规模100亩左右的农户购买农机才符合规模经济。农机装备越贵，说明代替人力、畜力的迂回生产程度越高，能进一步拓展农业生产活动的可分性，刺激了生产环节外包的需求（陈昭玖、胡雯，2016a），投资农机还是购买服务，取决于机会成本、农机使用成本和服务价格最低的那一个（张宗毅、杜志雄，2018），农户外包服务需求与农业生产投资具有正"U"形关系（李克乐、杨宏力，2023）。说明农机投资与农机服务是互为因果，相互影响的。

农机社会化服务对可变生产要素种子农药化肥又有什么影响？自从2015年农业部出台了《到2020年农药使用量零增长行动方案》和《到2020年化肥使用量零增长行动方案》，学界高度重视农药化肥减量化研究。农机社会化服务是否能促进农药减量、化肥减量，主流观点是支持派。张露和罗必良（2019、2020）认为服务规模经营是农业减量的重要路径选择，农户的服务外包或社会服务程度越深，越能够增强地块规模、经营规模和连片规模扩大对化肥减施的促进作用。张梦玲等（2022）认为采纳社会化服务能够显著降低农户化肥施用量，深入研究发现，农业社会化服务通过地块规模和劳动力非农就业的调节作用促进化肥的减量施用，朱建军等（2023）认为农机社会化服务通过农户收入的增加和农地经营规模的扩大来推动化肥减量。孔祥智等（2018）发现农业机械对肥料有替代效应。还有其他学者也认为农机社会化服务或外包服务能促进化肥减量（冀名峰，2018；杨高第等，2020；卢华等，2021）。

部分学者认为农业社会化服务能促进农药减量。石志恒和符越（2022）基于甘肃省调研数据，利用PSM构建反事实框架，考察不同专业化服务对农户农药减量行为的影响，发现农业社会化服务能够显著促进农户采纳农药减量行为。

也有研究发现农业社会化服务对化肥施用量没有显著影响（Marenya et al.，2009），农业服务组织为了获取更多利润，可能与农资经销商共同诱导农户购买和使用过量化肥（Hu et al.，2009），农业服务组织参与可能加重化肥不合理施用现象（Bambio et al.，2009）。

纵观既往关于农机社会化服务对农业资本投入影响的研究，观点不一致，可能和采用的数据和方法有关系，也可能和研究视角紧密相连，所以本章将基于诱致性技术创新理论、分工理论、农户行为理论，运用江西省水稻种植户微观数据，研究农机社会化服务对农业机械投入和种子、农药、化肥投入的影响。

7.2　理论分析与研究假说

农机社会化服务具有替代效应。按照诱致性技术创新理论核心观点：相对稀缺的要素因为昂贵容易被相对丰富的要素所取代，中国国情是大国小农，对于小农户来说，购买农业机械容易受到资金的约束，即使购买了农机也容易产生投资锁定效益和沉没成本（罗必良，2017），所以小农户更愿意购买农机服务，规模农户才选择购买农机（陈昭玖等，2016）。自购农机和购买农业专业化组织等新型经营主体提供的农机服务是农机服务的两个来源（纪月清、钟甫宁，2011），它们是两种可替代的要素匹配策略（张露、罗必良，2018），农业服务外包与农户生产性投资存在显著替代效应（胡新艳等，2020），当购买农机服务与购买农机相比成本更低时，农户倾向于购买农机服务，农机社会化服务是利用农业专业化组织或私人拥有的农机所提供的服务，农业机械能减少资金投入、节约劳动力、让农户获得闲暇时间，拥有更健康的身体素质（陈江华等，2021），从农户行为学角度来看，采纳农机社会化服务是农户追求效益最大化的目标。综上，本书提出研究假说：

H（7-1）：农机社会化服务采纳程度能负向显著影响农业机械投入。

采纳农机社会化服务或参与服务外包均能够显著降低农户化肥施用量（冀名峰，2018；张露、罗必良，2020；杨高第等，2020；卢华等，2021；张梦玲等，2022；朱建军等，2023），当农地规模发生变化，农用化学品施用量也有区别（Wu et al.，2018），服务规模经营是农业减量的重要路径选择，农户的服务外包或社会服务程度越深，越能够增强地块规模、经营规模和连片规模扩大对化肥减施的促进作用（张露、罗必良，2019；张露、罗必良，2020）。农业社会化服务还能通过劳动力非农就业（张梦玲等，2022）和农户收入的增加（朱建军等，2023）促进化肥的减量施用，农业机械对肥料有替代效应（孔祥智等，2018）。农业社会化服务能够显著促进农户采纳农药减量行为（石志恒、符越，2022），一些农机社会化服务组织拥有粮食生产技术专业人员，可以指导农户在种子、农药、化肥方面的选用与施用量，包括建议农户购买质好价优的种子农药化肥，每亩种子、农药、化肥的施用次数及施用量，一般情况下，农业生产过程中农户采纳农机社会化服务环节数越多，与农机社会化服务组织联系越紧密，得到的指导更多，会减少种子、农药、化肥的投入费用。

根据以上分析，本书提出研究假说：

H（7-2）：农机社会化服务采纳程度能负向显著影响种子、农药、化肥投入。

7.3 模型构建与变量选取

7.3.1 模型构建

为分析农机社会化服务对农业资本投入的影响，设定以下模型。

$$Y_i = \alpha_0 + \beta Service_i + Controls_i + \varepsilon_1 \qquad (7-1)$$

本书农业资本主要指农业机械和种子、农药、化肥。Y_i 表示农户农业机械投入及种子、农药、化肥投入，$Service_i$ 表示农机社会化服务采纳程度，$Controls_i$ 表示控制变量，包括农户决策者特征、家庭特征以及村庄特征等，α_0 为常数项，β 为待估参数，ε_1 为随机扰动项。

7.3.2 变量选取

（1）**被解释变量**。本章选取的被解释变量为农业机械投入及种子、农药、化肥投入，参考钟甫宁等（2016）的研究，农业机械投入用亩均机械投入费用表示，种子、农药、化肥投入用亩均种子、农药、化肥费用来衡量。亩均农业机械费用和亩均种子、农药、化肥费用均采用加1再取对数表示。

（2）**核心解释变量**。本章选择的核心解释变量是农机社会化服务采纳程度，指农户采纳农机社会化服务环节数占种植环节总数的比例，本章借鉴江雪萍、李大伟（2017）的研究，用采纳农机社会化服务环节数与水稻种植所有环节数的比值表示。

（3）**控制变量**。借鉴已有研究，从决策者特征、家庭特征、村庄特征三方面选取控制变量，具体控制变量和第五章一致。①决策者特征。采用决策者性别、年龄、受教育程度、健康状况、风险偏好 5 个变量来反映决策者特征。②农户家庭特征。采用家庭是否有党员、劳动力人数、水稻种植面积、水稻种植年限、土地是否连片作为测度被访农户家庭特征的变量。③村庄特征。选取是否城郊村、村庄地形与村庄交通状况作为控制变量。

（4）描述性统计分析。表 7 - 1 展示了本章所用变量的赋值情况说明及描述性统计结果。从前文与表 7 - 1 可知，亩均农机投入费 458.41 元，亩均种子农药化肥费 363.14 元，加 1 后取对数均值分别为 2.48、5.85。自变量与控制变量的描述性统计分析和第五章一致，这里不再阐述。

表 7 - 1　变量定义与描述性分析

变量类型	变量名称	变量测度	均值	标准差
因变量	农业机械投入	亩均农业机械费加 1 取对数	2.48	2.98
	种子、农药、化肥投入	种子、农药、化肥费用加 1 取对数	5.85	0.32
自变量	农机社会化服务采纳程度	采纳环节数占种植环节总数	0.20	0.15
工具变量		村庄其他人员采纳农机社会化服务程度的均值	0.20	0.09
控制变量 个人特征	性别	水稻种植决策者性别：男＝1，女＝0	0.96	0.20
	年龄	水稻种植决策者实际年龄	56.65	9.69
	受教育程度	水稻种植决策者受教育程度：1＝小学及以下，2＝初中，3＝高中/中专/技校/职高，4＝大专，5＝大学本科及以上	1.74	0.77
	健康状况	水稻种植决策者健康状况：1＝无劳动能力，2＝差，3＝中，4＝良，5＝优	4.23	0.80
	风险偏好	水稻种植决策者风险偏好：1＝风险规避，2＝风险中立，3＝风险偏好	1.53	0.67
家庭特征	党员	家庭是否有党员：是＝1，否＝0	0.26	0.44
	劳动力人数	家庭劳动力实际数量	3.07	1.02
	种植面积	水稻种植面积（亩）	18.42	15.08
	种植年限	水稻种植实际年限	29.69	14.54
	土地连片程度	1＝很分散，2＝较为分散，3＝部分连片，4＝都连片	2.65	0.95
村庄特征	村庄是否城郊村	是＝1，否＝0	0.06	0.24
	村庄地形	1＝山地，2＝丘陵，3＝平原	2.39	0.65
	村庄交通便利程度	1＝很差，2＝较差，3＝一般，4＝较好，5＝很好	3.74	0.87

7.4 实证结果与分析

7.4.1 基准回归结果

本章采用 Stata16.0 统计软件进行实证分析，采用 OLS 进行估计，从表 7-2、表 7-3 可以看到，模型（7-1）、模型（7-3）都是只将核心自变量农机社会化服务采纳程度纳入分析，其对亩均农机投入费和亩均种子、农药、化肥费的影响均为负向显著，模型（7-2）、模型（7-4）都是加入了控制变量进行回归，结果仍为显著，且都在 1% 统计水平上显著；以上模型都控制了地区，表明模型与数据适配度优良。基准回归模型结果显示，农机社会化服务采纳程度对亩均农机投入费和亩均种子、农药、化肥费的影响显著为负，表明农机社会化服务采纳程度越高，亩均农机投入费和亩均种子、农药、化肥费越低，这与预期结果完全一致，验证了本章研究假说。

从控制变量来看。个体特征。模型（7-2）显示，年龄对农机投入费用具有负向显著影响，说明水稻种植决策者年龄越大，其家庭亩均农机投入费用越低，可能决策者年龄越大，身体素质下降，倾向于采纳农机服务，替代自己操作，减轻劳动；模型（7-4）显示，决策者受教育程度对亩均种子农药化肥费的影响显著为负，说明水稻种植决策者文化水平越高，亩均种子、农药、化肥费越低，说明水稻种植决策者越是文化水平高，越容易掌握科学施用种子、农药、化肥的数量。

家庭特征。水稻种植面积正向显著影响亩均农机投入费和亩均种子、农药、化肥费，说明种植面积越大，亩均农机投入费和亩均种子、农药、化肥费越高，水稻种植面积扩大，农户认为可以自己购买农业机械自我服务，因为种植面积大要购买机械服务，费用支出较多，可能从利润最大化角度考虑，自己购买机械自我服务效益更高。水稻种植面积扩大，亩均种子、农药、化肥费增加，这可能与农户的错误认知有关，有些农户可能认为只要投入更多种子、农药、化肥，水稻单产水平就能提高。模型（7-2）显示，种植年限对农机投入费用具有正向显著影响，说明水稻种植年限越长，其家庭亩均农机投入费用越高，一般水稻种植年限长的家庭会考虑自己购买农机自我服务，因为长期要购买农机服务成本很高。

村庄特征。模型（7-2）显示村庄是否城郊村，负向显著影响亩均农机投入费用，说明村庄离城市越近，亩均农机投入费用越低，这和城郊村购买农机服务非常便利有关。模型（7-4）显示村庄地形正向显著影响亩均种子、农药、化肥费，说明村庄地形越是平原，亩均种子、农药、化肥费越高，这可能是因为土地较为分散，导致种子、农药、化肥施用量更高，种子、农药、化肥投入费用增加。

表7-2　农机社会化服务采纳程度对农业机械投入和

种子、农药、化肥投入影响的回归结果

变量名称	农业机械投入		种子农药化肥投入	
	模型（7-1）	模型（7-2）	模型（7-3）	模型（7-4）
农机社会化服务采纳程度	-2.083**	-3.476***	-0.306***	-0.379***
	(0.813)	(0.843)	(0.081)	(0.084)
性别		0.069		-0.036
		(0.485)		(0.050)
年龄		-0.035**		-0.001
		(0.016)		(0.002)
受教育程度		0.169		-0.054***
		(0.140)		(0.016)
健康状况		-0.050		-0.010
		(0.124)		(0.014)
风险偏好		-0.042		-0.015
		(0.146)		(0.018)
党员		-0.227		-0.036
		(0.238)		(0.027)
劳动力人数		-0.078		0.012
		(0.110)		(0.012)
种植面积		0.064***		0.004***
		(0.007)		(0.001)
种植年限		0.017*		-0.001
		(0.010)		(0.001)
土地连片程度		0.061		-0.016
		(0.104)		(0.013)
村庄是否城郊村		-1.177***		0.015
		(0.370)		(0.049)
村庄地形		0.122		0.038**
		(0.169)		(0.018)
村庄交通便利程度		0.162		0.004
		(0.115)		(0.013)
常数项	1.295***	1.693	5.721***	5.903***
	(0.261)	(1.195)	(0.031)	(0.137)
区域虚拟变量	控制	控制	控制	控制
Pseudo R^2	0.086	0.213	0.082	0.151
样本量	734	734	734	734

注：*、**、***分别表示在10%、5%和1%的显著性水平下通过检验，括号内数值为稳健标准误。

7.4.2 稳健性检验

7.4.2.1 替换自变量

替换核心自变量，用是否采纳农机社会化服务替换农机社会化服务采纳程度，从表7-3结果可以看出，替换核心自变量后，农机社会化服务对农机投入费用和种子、农药、化肥投入费用的影响显著为负，这和基准回归结果一致，说明模型非常稳健。

表7-3 农机社会化服务采纳行为对农业机械投入与
种子、农药、化肥投入影响的回归结果

变量名称	农业机械投入	种子农药化肥投入
	模型（7-5）（OLS）	模型（7-6）（OLS）
农机社会化服务采纳行为	−0.527**	−0.087***
	(0.257)	(0.032)
性别	0.158	−0.026
	(0.488)	(0.052)
年龄	−0.036**	−0.001
	(0.015)	(0.002)
受教育程度	0.145	−0.056***
	(0.139)	(0.016)
健康状况	−0.043	−0.009
	(0.126)	(0.014)
风险偏好	−0.024	−0.014
	(0.148)	(0.018)
党员	−0.259	−0.040
	(0.238)	(0.027)
劳动力人数	−0.067	0.014
	(0.113)	(0.012)
种植面积	0.062***	0.004***
	(0.008)	(0.001)
种植年限	0.016*	−0.001
	(0.010)	(0.001)
土地连片程度	0.064	−0.016
	(0.105)	(0.013)

（续）

变量名称	农业机械投入	种子农药化肥投入
	模型（7-5）（OLS）	模型（7-6）（OLS）
村庄是否城郊村	-1.064***	0.019
	(0.378)	(0.050)
村庄地形	-0.003	0.025
	(0.160)	(0.018)
村庄交通便利程度	0.135	0.001
	(0.115)	(0.013)
常数项	1.836	5.929***
	(1.163)	(0.138)
区域虚拟变量	控制	控制
Pseudo R^2	0.191	0.135
样本量	734	734

注：*、**、***分别表示在10%、5%和1%的显著性水平下通过检验，括号内数值为稳健标准误。

7.4.2.2 替换因变量

用农机投入行为替代农机投入费用，用家中是否有农机具衡量，使用Probit模型，用家庭农业收入替代种子、农药、化肥投入，做稳健性检验，从表7-4中模型（7-7）结果可知，农机社会化服务采纳程度对农机投入行为呈负向显著影响，说明农机社会化服务采纳程度越高，越不购买农机设备，这和基准模型结果一致，说明模型非常稳健。

表7-4　替换因变量与更换估计方法的稳健性检验结果

变量名称	农机投入行为	农业收入	农机投入费用
	模型（7-7）（Probit）	模型（7-8）（OLS）	模型（7-9）（IV-Tobit）
农机社会化服务采纳程度	-1.881***	0.819***	-10.516***
	(0.417)	(0.249)	(3.914)
性别	0.117	0.121	0.492
	(0.279)	(0.179)	(1.323)
年龄	-0.015*	-0.001	-0.076**
	(0.008)	(0.005)	(0.037)
受教育程度	0.076	0.014	0.440
	(0.072)	(0.042)	(0.330)

（续）

变量名称	农机投入行为	农业收入	农机投入费用
	模型（7-7）（Probit）	模型（7-8）（OLS）	模型（7-9）（IV-Tobit）
健康状况	−0.020	0.012	−0.128
	(0.066)	(0.040)	(0.306)
风险偏好	−0.042	−0.011	−0.196
	(0.075)	(0.045)	(0.362)
党员	−0.092	0.028	−0.609
	(0.124)	(0.074)	(0.557)
劳动力人数	−0.019	0.045	−0.173
	(0.055)	(0.032)	(0.244)
种植面积	0.035***	0.053***	0.147***
	(0.004)	(0.002)	(0.017)
种植年限	0.009	−0.008**	0.043*
	(0.005)	(0.003)	(0.025)
土地连片程度	0.015	−0.001	0.158
	(0.055)	(0.033)	(0.246)
村庄是否城郊村	−0.590***	0.296***	−3.029***
	(0.208)	(0.104)	(1.089)
村庄地形	0.043	0.006	0.326
	(0.085)	(0.052)	(0.418)
村庄交通便利程度	0.081	0.135***	0.464
	(0.063)	(0.036)	(0.284)
常数项	−0.877	7.767***	−3.538
	(0.651)	(0.433)	(2.918)
区域虚拟变量	控制	控制	控制
Pseudo R^2	0.186	0.516	
样本量	734	734	734

注：*、**、***分别表示在10%、5%和1%的显著性水平下通过检验，括号内数值为稳健标准误。

7.4.2.3 更换估计方法

本章因变量为农机投入费用和种子、农药、化肥投入费，均为大于等于0，由于农机投入会反向影响农机社会化服务采纳，核心自变量与因变量属双向因果关系，故采用IV-Tobit模型再估计，因为第五章已经汇报了第一阶段结果，本章只汇报第二阶段结果。借鉴刘艳等（2022）的研究，选取村庄其他农户农机服务采纳程度均值作为农机社会化服务采纳程度的工具变量，从表 7 - 4 可知，模型（7 - 9）显示，农户农机社会化服务采纳程度对农机投入费用呈负向显著影响，这和基准回归结果一致，说明模型非常稳健。

7.4.3 内生性讨论

由于农机社会化服务采纳程度与农机投入费用存在反向因果关系，导致模型产生内生性问题，因此，进一步采用工具变量法进行估计，以提高模型估计结果的一致性与无偏性。借鉴刘艳等（2022）的研究，选取村庄其他农户农机服务采纳程度均值作为采纳农机服务程度的工具变量，用 2SLS 进行估计，表 7 - 5 中模型（7 - 11）结果显示，农户农机服务采纳程度负向显著影响农机投入费用，结果和基准回归结果一致，说明模型稳健。

表 7 - 5　农机社会化服务采纳程度对农业机械投入的工具变量法检验结果

变量名称	农机社会化服务采纳程度（第一阶段）	农业机械投入（第二阶段）
	模型（7 - 10）	模型（7 - 11）
农机社会化服务采纳程度		−5.124***
		(1.557)
同村其他人员采纳农机社会化服务程度的均值	0.702***	
	(0.058)	
性别	−0.033	0.028
	(0.024)	(0.490)
年龄	0.001	−0.033**
	(0.001)	(0.016)
受教育程度	0.006	0.184
	(0.007)	(0.140)
健康状况	0.004	−0.050
	(0.007)	(0.123)
风险偏好	0.007	−0.055
	(0.007)	(0.145)
党员	0.015	−0.212
	(0.012)	(0.240)

（续）

变量名称	农机社会化服务采纳程度（第一阶段）	农业机械投入（第二阶段）
	模型（7-10）	模型（7-11）
劳动力人数	−0.003	−0.077
	(0.005)	(0.109)
种植面积	0.001**	0.066***
	(0.001)	(0.008)
种植年限	0.001	−0.017*
	(0.001)	(0.010)
土地连片程度	0.001	0.057
	(0.005)	(0.104)
村庄是否城郊村	−0.034*	−1.294***
	(0.018)	(0.391)
村庄地形	0.020**	0.192
	(0.008)	(0.172)
村庄交通便利程度	0.004	0.182
	(0.006)	(0.116)
常数项	−0.041	1.711
	(0.065)	(1.212)
区域虚拟变量	控制	控制
Pseudo R^2	0.265	0.207
样本量	734	734

注：*、**、*** 分别表示在10%、5%和1%的显著性水平下通过检验，括号内数值为稳健标准误。

7.4.4 异质性分析

7.4.4.1 按种子、农药、化肥分组

从种子费用、农药费用、化肥费用分开看，表7-6显示，农机社会化服务采纳程度对亩均种子投入、亩均农药投入的影响均为负向显著，说明农户采纳农机社会化服务程度越高，每亩种子投入费用和农药投入费用均减少了，农机社会化服务采纳程度对亩均化肥投入的影响呈正向影响但不显著，说明农户采纳农机社会化服务程度越高，每亩化肥投入费用越多，这可能是农户采纳施肥以外的农机社会化服务环节多，施肥可能农户自己操作，以为施肥越多产量越高。

表 7 - 6　农机社会化服务采纳程度对种子、农药、化肥投入影响的回归结果

变量名称	种子投入	农药投入	化肥投入
	模型（7 - 12）	模型（7 - 13）	模型（7 - 14）
农机社会化服务采纳程度	−0.404 **	−1.789 ***	0.257
	(0.174)	(0.379)	(0.193)
性别	−0.063	−0.320 **	−0.029
	(0.091)	(0.130)	(0.084)
年龄	−0.001	−0.002	−0.001
	(0.005)	(0.007)	(0.005)
受教育程度	−0.053	−0.058	−0.162 ***
	(0.038)	(0.067)	(0.047)
健康状况	0.003	−0.016	−0.004
	(0.034)	(0.043)	(0.037)
风险偏好	0.067 *	−0.144 **	−0.056
	(0.039)	(0.070)	(0.050)
党员	−0.097	0.021	−0.078
	(0.065)	(0.112)	(0.067)
劳动力人数	0.036	0.008	−0.041
	(0.030)	(0.051)	(0.025)
种植面积	−0.001	0.005	0.006 ***
	(0.002)	(0.003)	(0.002)
种植年限	−0.005 *	0.006	−0.001
	(0.003)	(0.004)	(0.003)
土地连片程度	0.062 *	−0.160 ***	−0.017
	(0.032)	(0.043)	(0.028)
村庄是否城郊村	−0.082	0.328 ***	−0.067
	(0.118)	(0.107)	(0.158)
村庄地形	−0.055	0.134 *	0.052
	(0.044)	(0.077)	(0.033)
村庄交通便利程度	−0.054 *	−0.020	0.052
	(0.032)	(0.043)	(0.035)
常数项	4.632 ***	5.289 ***	5.023 ***
	(0.314)	(0.500)	(0.271)
区域虚拟变量	控制	控制	控制
Pseudo R^2	0.092	0.091	0.104
样本量	734	734	734

注：*、**、*** 分别表示在10%、5%和1%的显著性水平下通过检验，括号内数值为稳健标准误。

7.4.4.2　按区域分组

按区域分为赣北、赣中、赣南三组，表7-7显示，在农机社会化服务采纳程度对农机投入费用和种子、农药、化肥费用的影响方面，赣北均呈负向显著影响，赣中、赣南均呈负向影响但不显著；说明采纳农机社会化服务程度越高，赣北地区农机投入费用和种子、农药、化肥费用均更低，按区域分组，农机社会化服务采纳程度对农机投入费用和种子、农药、化肥费用的影响存在异质性；可能和资源禀赋有关，赣北地形以平原居多，赣中、赣南以丘陵山区居多，赣北容易连片种植，实现土地规模经营和服务规模经营，减少农机及种子、农药、化肥投入费用。

表7-7　不同区域下农机社会化服务采纳程度对农业机械
投入和种子、农药、化肥投入的影响

变量名称	农业机械投入			种子、农药、化肥投入		
	赣北	赣中	赣南	赣北	赣中	赣南
农机社会化服务采纳程度	−3.240***	−3.712	−2.097	−0.481***	−0.168	−0.262
	(0.979)	(2.900)	(1.403)	(0.095)	(0.264)	(0.222)
控制变量	控制	控制	控制	控制	控制	控制
常数项	2.992	2.605	4.000**	6.090	5.759	6.083***
	(1.601)	(3.652)	(1.737)	(0.171)	(0.385)	(0.288)
Pseudo R^2	0.156	0.218	0.438	0.140	0.163	0.362
样本量	496	130	108	496	130	108

注：*、**、***分别表示在10%、5%和1%的显著性水平下通过检验，括号内数值为稳健标准误。

7.4.4.3　按决策者年龄分组

从表7-8可知，高于平均年龄组和低于或等于平均年龄组，农机社会化服务采纳程度对农机投入费用和种子、农药、化肥费用的影响都呈负向显著，说明年龄不存在异质性。

表7-8　不同年龄条件下农机社会化服务采纳程度对农业机械
投入和种子、农药、化肥投入的影响

变量名称	农业机械投入		种子、农药、化肥投入	
	高于均值	低于或等于均值	高于均值	低于或等于均值
农机社会化服务采纳程度	−5.051***	−2.541*	−0.495***	−0.286**
	(1.008)	(1.340)	(0.116)	(0.117)

（续）

变量名称	农业机械投入		种子、农药、化肥投入	
	高于均值	低于或等于均值	高于均值	低于或等于均值
控制变量	控制	控制	控制	控制
常数项	0.411	−0.043	5.795**	5.855
	(1.626)	(1.301)	(0.155)	(0.156)
Pseudo R^2	0.228	0.229	0.239	0.127
样本量	366	368	366	368

注：*、**、***分别表示在10%、5%和1%的显著性水平下通过检验，括号内数值为稳健标准误。

7.4.4.4 按决策者受教育程度分组

从表7-9可知，高于平均受教育程度组和低于或等于受教育程度组，农机社会化服务采纳程度对农机投入费用和种子、农药、化肥费用都呈负向显著影响，说明决策者受教育程度不存在异质性。

表7-9 不同受教育程度下农机社会化服务采纳程度对农业机械投入和种子、农药、化肥投入的影响

变量名称	农业机械投入		种子、农药、化肥投入	
	高于均值	低于或等于均值	高于均值	低于或等于均值
农机社会化服务采纳程度	−3.290***	−4.039***	−0.259**	−0.541***
	(1.169)	(1.250)	(0.114)	(0.126)
控制变量	控制	控制	控制	控制
常数项	2.837*	0.110	5.845***	5.845***
	(1.614)	(1.696)	(0.197)	(0.179)
Pseudo R^2	0.220	0.236	0.136	0.199
样本量	415	319	415	319

注：*、**、***分别表示在10%、5%和1%的显著性水平下通过检验，括号内数值为稳健标准误。

7.4.4.5 按家庭是否有党员分组

从表7-10可知，在农机社会化服务采纳程度对农机投入费用影响方面，有党员组，呈负向影响但不显著，无党员组呈负向显著影响，在农机社会化服务采纳程度对种子、农药、化肥费用影响方面，有党员组和无党员组均呈负向显著影响，说明家庭是否有党员有一定异质性。

表7-10　家庭是否有党员条件下农机社会化服务采纳程度对
农业机械投入和种子、农药、化肥投入的影响

变量名称	农业机械投入		种子、农药、化肥投入	
	有党员	无党员	有党员	无党员
农机社会化服务采纳程度	−1.393	−4.268***	−0.366**	−0.392***
	(1.701)	(0.928)	(0.158)	(0.097)
控制变量	控制	控制	控制	控制
常数项	1.563	1.939	6.305***	5.793
	(2.446)	(1.411)	(0.301)	(0.157)
Pseudo R^2	0.287	0.201	0.222	0.145
样本量	191	543	191	543

注：*、**、***分别表示在10%、5%和1%的显著性水平下通过检验，括号内数值为稳健标准误。

7.4.4.6　按劳动力数量分组

从表7-11可知，高于均值组和低于或等于均值组，农机社会化服务采纳程度对农机投入费用和种子、农药、化肥费用都呈负向显著影响，说明劳动力数量不存在异质性。

表7-11　不同劳动力数量下农机社会化服务采纳程度对
农业机械投入和种子、农药、化肥投入的影响

变量名称	农业机械投入		种子、农药、化肥投入	
	高于均值	低于或等于均值	高于均值	低于或等于均值
农机社会化服务采纳程度	−3.270**	−3.701***	−0.496***	−0.310***
	(1.317)	(1.108)	(0.149)	(0.098)
控制变量	控制	控制	控制	控制
常数项	0.274	2.632*	6.270***	5.790***
	(1.958)	(1.543)	(0.231)	(0.169)
Pseudo R^2	0.259	0.229	0.240	0.128
样本量	278	456	278	456

注：*、**、***分别表示在10%、5%和1%的显著性水平下通过检验，括号内数值为稳健标准误。

7.4.4.7　按经营规模分组

从表7-12可知，高于均值组和低于或等于均值组，农机社会化服务采纳

程度对农机投入费用和种子、农药、化肥费用都呈负向显著影响，说明经营规模不存在异质性。

表 7-12　不同经营规模下农机社会化服务采纳程度对农业
机械投入和种子、农药、化肥投入的影响

变量名称	农业机械投入		种子、农药、化肥投入	
	高于均值	低于或等于均值	高于均值	低于或等于均值
农机社会化服务采纳程度	−4.074***	−3.365***	−0.419***	−0.248**
	(1.250)	(1.136)	(0.123)	(0.123)
控制变量	控制	控制	控制	控制
常数项	7.057***	0.763	6.195***	5.749***
	(2.140)	(1.436)	(0.266)	(0.171)
Pseudo R^2	0.131	0.104	0.115	0.165
样本量	310	424	310	424

注：*、**、*** 分别表示在 10%、5% 和 1% 的显著性水平下通过检验，括号内数值为稳健标准误。

7.5　本章小结

本章主要研究农机社会化服务对农业资本投入的影响，基于 734 份江西省水稻种植户微观调研数据，运用了 OLS、IV-Tobit、2SLS 等计量方法，重点探讨了农机社会化服务采纳程度对亩均农机投入费用和亩均种子、农药、化肥费用的影响，主要结论如下。

（1）农机社会化服务采纳程度对亩均农机投入费用和亩均种子、农药、化肥费用的基准回归结果显示，农机社会化服务采纳程度显著负向影响亩均农机投入费用和亩均种子、农药、化肥费用，说明随着采纳农机社会化服务采纳程度增加，亩均农机投入费用和亩均种子、农药、化肥费用均下降，从控制变量来看，决策者年龄对农机投入费用具有负向显著影响，决策者受教育程度对亩均种子、农药、化肥费的影响显著为负，水稻种植面积正向显著影响亩均农机投入费和亩均种子、农药、化肥费，种植年限对农机投入费用具有正向显著影响，村庄是否城郊村负向显著影响亩均农机投入费用，村庄地形正向显著影响亩均种子、农药、化肥费。

（2）通过替换自变量、因变量、估计方法进行稳健性检验，分别用是否采纳农机社会化服务来替换农机社会化采纳程度、用是否有农机具来替换农机投入费用，用农户农业收入来替换种子、农药、化肥费，用 IV-Tobit 替换 OLS 估计，稳健性检验结果和基准回归结果保持一致。

（3）用工具变量法解决本章核心自变量与因变量互为因果的内生性问题，两阶段最小二乘法显示，农机社会化服务采纳程度负向显著影响亩均农机投入费用。

（4）异质性分析表明，将种子、农药、化肥费用细化，农机社会化服务采纳程度对亩均种子费用、亩均农药费用的影响均为负向显著，农机社会化服务采纳程度对亩均化肥费用的影响呈正向影响但不显著，说明农机社会化服务采纳程度对种子、农药、化肥费用投入具有异质性；按地理位置将江西省分为赣北、赣中、赣南，赣北均呈负向显著影响，赣中、赣南均呈负向影响但不显著，说明区域存在异质性；按家庭是否有党员为标准进行分组，发现家庭有党员组样本，农机社会化服务采纳程度对亩均农机投入费用有负向影响但不显著，其他均呈负向显著影响。但总体样本中，家庭是否有党员对亩均农机投入费用和亩均种子、农药、化肥费用没有显著影响，说明家庭是否有党员存在异质性。以年龄、受教育程度、劳动力数量、经营规模都按均值来分组，发现农机社会化服务采纳程度对亩均农机投入费用和亩均种子、农药、化肥费用均有负向显著影响，所以年龄、受教育程度、劳动力数量、经营规模均不存在异质性。

8 | 研究结论与政策建议

　　本书结合乡村振兴战略实施、农业现代化实现目标、农业强国建设时代背景，梳理农机社会化服务及农户生产要素配置（劳动力、土地、资本）相关文献，基于分工理论、农户行为理论、生产要素理论、诱致性技术创新理论，提出"服务采纳—替代效应—要素配置"的分析框架，采用江西水稻种植户微观调查数据，运用 OLS、Probit、Tobit、IV-Probit、IV-Tobit、两阶段最小二乘法、工具变量法、倾向得分匹配法、中介效应模型等计量方法，研究农机社会化服务对要素配置的影响，主要是农机社会化服务对劳动力转移、土地转入、农业资本投入的影响，得出如下研究结论与对策建议，并对后续研究方向进行展望。

8.1　研究结论

　　（1）**农机社会化服务采纳情况**。本书 734 个江西省水稻种植户样本中，有 585 户采纳了农机社会化服务，占比 79.70%，其中收割环节采纳农机社会化服务的农户数 567 户，占比 77.25%。按水稻种植环节有整地、播种、育秧、栽插、施肥、打药、灌溉、收割 8 个环节算，其中只有 1 个环节采纳农机社会化服务的农户数为 181 户，占比 24.66%，有 2 个环节采纳的农户数为 270 户，占比 36.78%，有 3 个环节采纳的农户数为 99 户，占比 13.49%，有 4 个环节采纳的农户数为 21 户，占比 2.86%，有 5 个及以上环节采纳的农户数为 14 户，占比 1.91%，未采纳任何环节农机社会化服务的农户数为 149 户，占比 20.30%。农机社会化服务采纳程度平均值为 0.20，说明江西省农机社会化服务采纳程度偏低，农机社会化服务还有很大发展空间。

　　（2）**非农就业与兼业情况**。从本书微观样本数据中可知，有 101 户没有非农就业人员，占比 13.76%，非农就业 1 人、2 人、3 人的农户数占比分别为 23.02%、29.02%、27.66%，非农就业人数 4 人及以上的农户数占比为

6.54%。从兼业来看，有 245 户没有兼业人员，占比 33.38%，兼业人数为 1 人、2 人、3 人农户数占比分别为 58.86%、7.62%、0.14%，非农就业与兼业均值分别为 0.61、0.27，说明劳动力转移和兼业仍有很大潜力。

（3）土地转入情况。从本书微观数据可知，未转入土地农户数 262 户，占比 35.69%，转入土地面积小于等于 10 亩的农户数占比 25.07%，转入 10～20 亩、20～30 亩、30～40 亩、40 亩以上的农户数占比分别为 17.30%、7.90%、6.95%、7.08%，土地转入行为均值为 0.61，土地转入率均值为 0.42，说明土地转入速度偏慢，土地流转空间有限。

（4）农业资本投入方面。从本书数据可知，购买农业机械农户占比 42.37%，未购买农业机械农户占比 57.63%，说明大部分农户未购买农业机械，亩均农业机械费用为 458.41 元，均值以下农户占比为 88.69%。从亩均种子、农药、化肥总体费用来看，均值 363.14 元，将其分为种子费用、农药费用、化肥费用，均值分别为 116.37 元、96.39 元、150.38 元。

（5）农机社会化服务采纳行为及采纳程度均显著正向影响非农就业与兼业，通过替换自变量、因变量、估计方法进行稳健性检验，均和基准回归结果保持一致。用工具变量法解决核心自变量与因变量互为因果的内生性问题，两阶段最小二乘法显示工具变量分别正向显著影响核心自变量农机社会化服务行为及程度，农机社会化服务行为及程度正向显著影响非农就业与兼业，用倾向得分匹配法解决样本自选择问题，发现结果与基准回归结果一致。采用单位土地面积上农业劳动力投入作为中介变量，分析农机社会化服务对非农就业的影响机制，发现农机社会化服务采纳行为及采纳程度对每亩劳动力投入具有负向显著影响，这显示了农机社会化服务的替代效应，同时中介效应分析表明，农机社会化服务采纳行为及采纳程度通过减少每亩土地的劳动力投入来促进非农就业。异质性分析表明，赣北、赣中、赣南地区存在异质性，按家庭是否有党员为标准进行分组，发现两组样本与总体样本，存在一定异质性。

（6）农机社会化服务采纳行为及采纳程度均显著正向影响土地转入行为与土地转入规模，稳健性检验结果和基准回归结果保持一致。用工具变量法解决核心自变量与因变量互为因果的内生性问题，两阶段最小二乘法显示，农机社会化服务采纳行为及采纳程度正向显著影响土地转入行为与土地转入规模。采用单位土地面积上农业劳动力投入作为机制变量，分析农机社会化服务对土地转入规模的影响，发现农机社会化服务采纳行为及采纳程度对每亩劳动力投入具有负向显著影响，即采纳农机服务及提高采纳程度，能减少每亩土地劳动力投入，这显示了农机社会化服务的替代效应，同时中介效应分析表明，农机社会化服务采纳行为及采纳程度通过减少每亩土地的劳动力投入来促进土地转入，扩大规模经营。异质性分析表明，赣北、赣中、赣南地区存在异质性，将年龄、受教育程度、劳动力数量、经营规模都按均值来分组，发现农机社会化服务采纳行为及采纳程度对土地转入行为与土地转入规模均存在异质性，按家中是否有党员为标准进行分组，发现两组样本与总体样本，存在一定异质性。

（7）农机社会化服务采纳程度显著负向影响亩均农机投入费用和亩均种子、农药、化肥费用，通过替换自变量、因变量、估计方法进行稳健性检验，稳健性检验结果和基准回归结果保持一致。用工具变量法解决核心自变量与因变量互为因果的内生性问题，两阶段最小二乘法显示，农机社会化服务采纳程度负向显著影响亩均农机投入费用。异质性分析表明，将种子、农药、化肥费用细化，农机社会化服务采纳程度对亩均种子费用、亩均农药费用的影响均为负向显著，农机社会化服务采纳程度对亩均化肥费用的影响呈正向影响但不显著，说明农机社会化服务采纳程度对种子农药化肥费用投入具有异质性；按地理位置将江西省分为赣北、赣中、赣南，赣北均呈负向显著影响，赣中、赣南均呈负向影响但不显著，说明区域存在异质性；按家庭是否有党员分组，也存在异质性。

8.2　政策建议

基于以上研究结论，为促进农村劳动力转移、提升土地流转速度、提高农业资本投入效率，本书提出如下政策建议：

（1）推进农业生产过程全部环节采纳农机社会化服务。目前很多研究发现，水稻生产中整地和收割两个环节采纳农机社会化服务较多，播种、育秧、栽插、施肥环节采纳农机社会化服务较少。部分农户选择了无人机打药，部分农户采纳了机械插秧服务，灌溉环节大多是机械操作，但使用自家水泵比例较高，采纳机械直播服务农户较少，这需要政府对农户进行培训，提高农机手水稻直播技术及农户对直播水稻生长的管理，调研中发现很多农户不选择无人机打药的原因是认为无人机打药没有自家人工打药效果好，建议政府能组织农机服务方面的培训，无人机打药要把控好水稻、秧苗与无人机之间的距离，距离合适，农药容易被水稻及秧苗吸收，同时选择效果好且优惠的农药。目前工厂化育秧正在发展，农户购买机械育秧的可得性将大大提高，推进农业生产全过程的农机社会化服务，还需考虑农户急盼难愁的环节——烘干，农户种植水稻，尤其是大规模种植，当遇到雨天特别需要烘干机，避免稻谷淋雨发生霉变影响销售。烘干机可以由农机服务组织或个人购买，政府加大补贴力度，政府可以鼓励工厂化育秧，这样农户可以购买到秧苗，节省了时间和劳动力，工厂化育秧主体通过规模化育秧获得更大收益。同时要提高采纳农机服务的补贴，推动农机服务的发展。目前我国对农机服务的补贴，有些补贴给供给方，有些补贴给需求方，建议让采纳农机服务的需求方得到更多实惠，这样可以推动农机服务的发展，提高农机的使用率，发挥农机及农机服务的最大效用。

（2）**建立农机社会化服务信息平台。** 每个县尤其是粮食主产区都至少要建立一个综合的农机社会化服务信息网络平台。现在我国很多省份正在推广农事综合服务中心，农事综合服务中心工作内容包括农机服务的供给和农资销售等，建议政府给予综合服务中心资金支持时，要求每个农事综合服务中心都要建立相应的网络平台，有农机服务需求的农户可在网上发出需求信息，尤其除整地收割以外的其他环节农机服务的获取需要这样的网络平台。或是农事综合服务中心网络平台公布所有农机手的联系方式，方便有需求的农户直接联系预约机械服务，也可建立微信群，让农机服务的供给与需求能直接对接。农机服务的供给与需求对接需要推动农机服务的数字化和智慧农业发展，建议政府对农民进行培训，培训内容包括：农机服务获得方式、农资选择及购买、如何使用互联网获取农业信息等方面，建议政府对规模经营大户培训数字农业和智慧农业相关内容。

（3）**研发适合山区丘陵地形的中小型农机具。** 江西省地形以丘陵、山地居多，地形会影响农机社会化服务采纳情况，赣南地区地形主要为山地，本书采用的微观数据中赣南采纳农机社会化服务程度均值最低，这可能和赣南地形有关，山地会影响农业机械化及农机服务发展进程，应根据不同地区资源禀赋差异，采取合适的农机具推进农业机械化及农机服务发展。平原居多的地区可以使用大型农机具，山区则适合中小型农机具，建议尽快研发适合山区丘陵地形的中小型农机具，山区丘陵地带农户可以购买中小型农机具或农机服务，建议政府给予购买中小型农机具的农户和采纳农机服务的农户相应补贴，推动山区丘陵地带农业机械化及农机服务的发展。

（4）**推动农机服务发展，促进劳动力转移和土地转入。** 鼓励农户采纳农业机械服务，发挥农机服务的替代效应，节约劳动力；发挥农机服务的收入效应，提高农民收入；发挥农机服务的分工效应和技术效应，享受科技进步带来的便利，提高劳动生产率。农户可以在农业生产的多个环节采纳农机服务，甚至可以全托管，农户将有时间实现非农就业和兼业，促进劳动力转移到城市，助力城镇化目标的实现，有农业生产比较优势的农户，可以转入土地，扩大经营规模，实现土地规模经营和服务规模经营相结合，促进农户收益最大化，政府可以采用多种形式推动农机服务的发展，促进农户劳动力和土地要素得到更好的配置。

（5）提高农机服务水平，合理配置农业资本投入。通过政府完善农机社会化服务相关政策，建议小农户尽可能多采纳农机服务，减少农业机械的投入，节约农机购置成本，实现农机服务供给方的农机利用最大化，规模经营农户可以购买农业机械，不仅满足家庭需求，而且能够成为农机服务的供给者，为小农户提供农机服务。提高农机服务水平，发挥政府和供给方的力量，可以对农民进行培训，培训内容包括种子农药化肥选用标准及原则，农药化肥施用如何减量，环境友好型技术的采纳，如测土配方施肥技术、生物农药、有机化肥的施用等。最大程度发挥农机社会化服务的经济效益和生态效应，让农户农业资本投入更加合理和完善。

8.3　研究展望

本书基于分工理论、农户行为理论、生产要素理论、诱致性技术创新理论，构建"服务采纳—替代效应—要素配置"的分析框架，采用 734 份江西水稻种植户微观数据，研究农机社会化服务对要素配置的影响，具有一定的理论与现实意义，有一定的边际贡献，但同时存在一些不足，未来将进一步研究。

（1）扩大样本调查范围，追踪农户调查数据。目前采用的是江西省水稻种植户数据，比较局限，以后可以多选几个有代表性的省份，对水稻、小麦、玉米等几个主要粮食进行调研，可以比较不同粮食和不同区域的农机社会化服务状况，另外尽可能在原有农户基础上多做几期追踪数据，这样可以反映农机社会化服务的发展和变化，样本范围扩大到全国，截面数据升级为面板数据，这样的数据更加全面、深入，更有说服力。

（2）要素除了传统的劳动力、土地、资本这三大要素外，还有企业家才能、数据、技术、信息等相对新型的生产要素，这些要素与农机社会化服务是什么样的关系，以后可以深入研究。

（3）由于调研数据的可得性，本书替代效应主要用单位土地农业劳动力投入来衡量，未来可以丰富调研问卷内容，用更多标准去衡量替代效应。

（4）拓展研究农机社会化服务对要素配置效率的影响。用要素配置效率衡量农村劳动力、土地、资本的配置状况。

参考文献

毕雪昊，杨亚琼，邹伟，2022. 农户非农就业、社会化服务购买对耕地利用效率的影响 [J]. 资源科学，44 (12)：2540 - 2551.

蔡昉，2001. 劳动力迁移的两个过程及其制度障碍 [J]. 社会学研究 (4)：44 - 51.

蔡昉，2017. 改革时期农业劳动力转移与重新配置 [J]. 中国农村经济 (10)：2 - 12.

蔡昉，2018. 农业劳动力转移潜力耗尽了吗？[J]. 中国农村经济 (9)：2 - 13.

蔡键，黄颖，2020. 改革开放以来农户经营规模扩大的阶段性特征与要素瓶颈分析：基于要素配置的研究视角 [J]. 江西财经大学学报 (5)：92 - 102.

蔡键，刘文勇，2017. 社会分工、成本分摊与农机作业服务产业的出现——以冀豫鲁三省农业机械化发展为例 [J]. 江西财经大学学报 (4).

蔡荣，蔡书凯，2014. 农业生产环节外包实证研究——基于安徽省水稻主产区的调查 [J]. 农业技术经济 (4)：34 - 42.

蔡荣，汪紫钰，钱龙，等，2019. 加入合作社促进了家庭农场选择环境友好型生产方式吗？——以化肥、农药减量施用为例 [J]. 中国农村观察 (1)：51 - 65.

蔡文聪，杨海钰，张强强，等，2022. 农户兼业是否导致农业生产低效率？——基于农业社会化服务视角 [J]. 干旱区资源与环境 (1)：26 - 32.

曹铁毅，周佳宁，邹伟，2021. 规模化经营与农户农机服务选择——基于服务需求与供给的二维视角 [J]. 西北农林科技大学学报 (社会科学版) (7)：141 - 149.

陈斌开，马宁宁，王丹利，2020. 土地流转、农业生产率与农民收入 [J]. 世界经济 (10)：97 - 120.

陈超，李寅秋，廖西元，2012. 水稻生产环节外包的生产率效应分析——基于江苏省三县的面板数据 [J]. 中国农村经济 (2)：86 - 96.

陈超，唐若迪，2020. 水稻生产环节外包服务对农户土地转入的影响——基于农户规模分化的视角 [J]. 南京农业大学学报 (社会科学版) (9)：156 - 166.

陈飞，翟伟娟，2015. 农户行为视角下农地流转诱因及其福利效应研究 [J]. 经济研究，50 (10)：163 - 177.

陈宏伟，穆月英，2019. 农业生产性服务的农户增收效应研究——基于内生转换模型的实证 [J]. 农业现代化研究，40 (3)：403 - 411.

陈江华，陈艳，罗明忠，2021. 农业机械应用对农村劳动力转移的影响——基于 CLDS 数

据的分析 [J]. 农林经济管理学报，20（3）：326 - 336.

陈江华，罗明忠，黄晓彤，2019. 水稻劳动密集型生产环节外包方式选择的影响因素——基于土地资源禀赋视角 [J]. 农业经济与管理（1）：61 - 71.

陈义媛，2018. 中国农资市场变迁与农业资本化的隐性路径 [J]. 开放时代（3）：95 - 111，9 - 10.

陈昭玖，胡雯，2016a. 农地确权、交易装置与农户生产环节外包——基于"斯密—杨格"定理的分工演化逻辑 [J]. 农业经济问题（8）：16 - 24，110.

陈昭玖，胡雯，2016b. 农业规模经营的要素匹配：雇工经营抑或服务外包——基于赣粤两省农户问卷的实证分析 [J]. 学术研究（8）：93 - 100，177.

程令国，张晔，刘志彪，2016. 农地确权促进了中国农村土地的流转吗？ [J]. 管理世界（1）：88 - 98.

程名望，阮青松，2010. 资本投入、耕地保护、技术进步与农村剩余劳动力转移 [J]. 中国人口·资源与环境，20（8）：27 - 32.

程名望，史清华，徐剑侠，2006. 中国农村劳动力转移动因与障碍的一种解释 [J]. 经济研究（4）：68 - 78.

程名望，张帅，潘烜，2013. 农村劳动力转移影响粮食产量了吗？——基于中国主产区面板数据的实证分析 [J]. 经济与管理研究（10）：79 - 85.

程永生，张德元，汪侠，2022. 农业社会化服务的绿色发展效应：基于农户视角 [J]. 资源科学，44（9）：1848 - 1864.

崔民，夏显力，2023. 农户兼业与粮食生产环节外包：一种"倒 U 型"关系 [J]. 农村经济（1）：106 - 116.

邸帅，高飞，纪月清，2020. 规模、服务质量风险与农户植保机械作业外包——以新疆玛河流域为例 [J]. 农业现代化研究，41（2）：285 - 293.

董欢，郭晓鸣，2014. 生产性服务与传统农业：改造抑或延续——基于四川省 501 份农户家庭问卷的实证分析 [J]. 经济学家（6）：84 - 90.

杜三峡，罗小锋，黄炎忠，等，2021. 风险感知、农业社会化服务与稻农生物农药技术采纳行为 [J]. 长江流域资源与环境（7）：1768 - 1779.

杜鑫，2013. 劳动力转移、土地租赁与农业资本投入的联合决策分析 [J]. 中国农村经济（10）：63 - 75.

杜鑫，张贵友，2022. 土地流转对农村居民收入分配的影响——基于 2020 年 10 省份农户调查数据的实证分析 [J]. 中国农村经济（5）：107 - 126.

方师乐，史新杰，高叙文，2020. 非农就业、农机投资和农机服务利用 [J]. 南京农业大学学报（社会科学版）（1）：139 - 149.

盖庆恩，朱喜，史清华，2014. 劳动力转移对中国农业生产的影响 [J]. 经济学（季刊）（4）：1147 - 1170.

高佳，宋戈，2020. 农村劳动力转移规模对农地流转的影响 [J]. 经济地理，40（8）：

172 - 178.

耿鹏鹏，2020. 地权稳定性如何影响农户收入？——基于要素配置的视角 [J]. 农林经济
　　管理学报，19（5）：611 - 623.

耿鹏鹏，檀竹平，罗必良，2022. "挤出"抑或"吸纳"：农机服务如何影响农业劳动力转
　　移 [J]. 华中农业大学学报（社会科学版）（4）：24 - 37.

龚道广，2000. 农业社会化服务的一般理论及其对农户选择的应用分析 [J]. 中国农村观
　　察（6）：25 - 34.

韩坚，尹国俊，2006. 农业生产性服务业：提高农业生产效率的新途径 [J]. 学术交流
　　（11）：107 - 110.

韩旭东，杨慧莲，王若男，等，2020. 土地规模化经营能否促进农业社会化服务获
　　取？——基于全国 3 类农户样本的实证分析 [J]. 农业现代化研究，41（2）：245 - 254.

郝爱民，2015. 农业生产性服务对农业技术进步贡献的影响 [J]. 华南农业大学学报（社
　　会科学版），14（1）：8 - 15.

何一鸣，张苇锟，罗必良，2020. 农业分工的制度逻辑——来自广东田野调查的验证 [J].
　　农村经济（7）：1 - 13.

洪炜杰，2019. 外包服务市场的发育如何影响农地流转？——以水稻收割环节为例 [J]. 南
　　京农业大学学报（社会科学版）（7）：95 - 105，159.

侯明利，2020. 农业资本深化与要素配置效率的关系研究 [J]. 经济纵横（2）：121 - 128.

胡凌啸，2018. 中国农业规模经营的现实图谱："土地＋服务"的二元规模化 [J]. 农业经
　　济问题（11）：20 - 28.

胡雯，严静娴，陈昭玖，2016. 农户生产环节外包行为及其影响因素分析——基于要素供
　　给视角和 1134 份农户调查数据 [J]. 湖南农业大学学报（社会科学版），17（4）：8 - 14.

胡雯，张锦华，陈昭玖，2019. 小农户与大生产：农地规模与农业资本化——以农机作业
　　服务为例 [J]. 农业技术经济（6）：82 - 96.

胡雯，张锦华，陈昭玖，2020. 农地产权、要素配置与农户投资激励："短期化"抑或"长
　　期化"？[J]. 财经研究，46（2）：111 - 128.

胡霞，周旭海，罗崇佳，2022. 农户采纳农机社会化服务对耕地撂荒的抑制效应研究 [J].
　　宁夏社会科学（1）：111 - 122.

胡新艳，陈相泼，饶应巧，2021. 农业服务外包如何影响农地流转？——来自河南麦区的
　　分析 [J]. 农村经济（9）：44 - 52.

胡新艳，洪炜杰，2019. 劳动力转移与农地流转：孰因孰果？[J]. 华中农业大学学报（社
　　会科学版）（1）：137 - 145，169.

胡新艳，罗必良，2016. 新一轮农地确权与促进流转：粤赣证据 [J]. 改革（4）：85 - 94.

胡新艳，王梦婷，吴小立，2018. 要素配置与农业规模经营发展：一个分工维度的考察
　　[J]. 贵州社会科学（11）：149 - 154.

胡新艳，张雄，罗必良，2020. 服务外包、农业投资及其替代效应——兼论农户是否必然

是农业的投资主体 [J]. 南方经济 (9)：1-12.

胡新艳，朱文珏，刘恺，2015. 交易特性、生产特性与农业生产环节可分工性——基于专家问卷的分析 [J]. 农业技术经济 (11)：14-23.

胡祎，张正河，2018. 农机服务对小麦生产技术效率有影响吗？[J]. 中国农村经济 (5)：68-83.

宦梅丽，侯云先，2021. 农机服务、农村劳动力结构变化与中国粮食生产技术效率 [J]. 华中农业大学学报（社会科学版）(1)：69-80，177.

宦梅丽，侯云先，吕静，2022. 农机作业服务对中国粮食生产技术效率的影响：基于共同前沿方法的考察 [J]. 农林经济管理学报，21 (2)：136-145.

黄季焜，2022. 加快农村经济转型，促进农民增收和实现共同富裕 [J]. 农业经济问题 (7)：4-15.

黄季焜，冀县卿，2012. 农地使用权确权与农户对农地的长期投资 [J]. 管理世界 (9)：76-81，99，187-188.

黄毅祥，廖芮，赵敏娟，2023. 家庭核心成员健康状况对农户农业生产性资产投资的影响 [J]. 中国农村观察 (2)：126-143.

黄颖，吕德宏，2021. 农业保险、要素配置与农民收入 [J]. 华南农业大学学报（社会科学版），20 (2)：41-53.

黄宗智，1986. 论华北近数百年的小农经济与社会变迁——兼及社会经济史研究方法 [J]. 中国社会经济史研究 (2)：9-15.

黄宗智，2020. 小农经济理论与"内卷化"及"去内卷化"[J]. 开放时代 (4)：126-139.

黄祖辉，王朋，2008. 农村土地流转：现状、问题及对策——兼论土地流转对现代农业发展的影响 [J]. 浙江大学学报（人文社会科学版）(2)：38-47.

纪月清，王许沁，陆五一，等，2016. 农业劳动力特征、土地细碎化与农机社会化服务 [J]. 农业现代化研究，37 (5)：910-916.

纪月清，钟甫宁，2011. 农业经营户农机持有决策研究 [J]. 农业技术经济 (5)：20-24.

纪月清，钟甫宁，2013. 非农就业与农户农机服务利用 [J]. 南京农业大学学报（社会科学版），13 (5)：47-52.

冀名峰，2017. 农业生产托管：新时代现代农业发展新动能 [J]. 农村经营管理 (12)：24-26.

冀名峰，2018. 农业生产性服务业：我国农业现代化历史上的第三次动能 [J]. 农业经济问题 (3)：9-15.

冀名峰，李琳，2020. 农业生产托管：农业服务规模经营的主要形式 [J]. 农业经济问题 (1)：68-75.

江雪萍，2014. 农业分工：生产环节的可外包性——基于专家问卷的测度模型 [J]. 南方经济 (12)：96-104.

江雪萍，李大伟，2017. 农业生产环节外包驱动因素研究——来自广东省的问卷 [J]. 广东农业科学，44（1）：176-182.

姜长云，2020. 做好"健全面向小农户的农业社会化服务体系"大文章［J］. 中国发展观察（Z2）：18-21.

姜长云，2016. 关于发展农业生产性服务业的思考［J］. 农业经济问题（5）：8-15，110.

姜松，曹峥林，刘晗，2016. 农业社会化服务对土地适度规模经营影响及比较研究——基于 CHIP 微观数据的实证［J］. 农业技术经济（11）：4-13.

焦娜，2018. 地权安全性会改变农户投资行为吗——基于 CHARLS2011 和 2013 年数据的实证研究［J］. 农业技术经济（9）：42-53.

柯炼，汪小勤，陈地强，2022. 土地流转与农户收入增长——基于收入结构的视角［J］. 中国人口·资源与环境，32（1）：127-137.

孔祥智，穆娜娜，2018. 实现小农户与现代农业发展的有机衔接［J］. 农村经济（2）：1-7.

孔祥智，徐珍源，史冰清，2009. 当前我国农业社会化服务体系的现状、问题和对策研究［J］. 江汉论坛（5）：13-18.

孔祥智，张琛，张效榕，2018. 要素禀赋变化与农业资本有机构成提高——对 1978 年以来中国农业发展路径的解释［J］. 管理世界，34（10）：147-160.

李长生，刘西川，2020. 土地流转的创业效应——基于内生转换 Probit 模型的实证分析［J］. 中国农村经济（5）：96-112.

李谷成，2015. 资本深化、人地比例与中国农业生产率增长——一个生产函数分析框架［J］. 中国农村经济（1）：14-30，72.

李谷成，李烨阳，周晓时，2018. 农业机械化、劳动力转移与农民收入增长——孰因孰果？［J］. 中国农村经济（11）：112-127.

李克乐，杨宏力，2023. 外包服务需求与金融信贷促进农业生产投资了吗？——基于农业生产固定资产投资视角［J］. 农业经济与管理（1）：57-69.

李宁，何文剑，仇童伟，等，2017. 农地产权结构、生产要素效率与农业绩效［J］. 管理世界（3）：44-62.

李宁，汪险生，王舒娟，等，2019. 自购还是外包：农地确权如何影响农户的农业机械化选择？［J］. 中国农村经济（6）：54-75.

李宁，周琦宇，汪险生，2020. 新型农业经营主体的角色转变研究：以农机服务对农地经营规模的影响为切入点［J］. 中国农村经济（7）：40-58.

李尚蒲，张路瑶，2022. 转出抑或撂荒：外包服务对小农户的挤出效应——来自河南省麦农的证据［J］. 南京农业大学学报（社会科学版）（5）：136-149.

李实，1999. 中国农村劳动力流动与收入增长和分配［J］. 中国社会科学（2）：16-33.

李宪翔，丁鼎，高强，2021. 小农户如何有机衔接全程机械化——基于农机社会化服务的视角［J］. 农业技术经济（4）：98-109.

李颖慧，李敬，2021. 中国农业生产性服务供给效率测算与影响因素研究——基于 DEA-

Malmquist 指数和 Rough Set 方法 [J]. 重庆社会科学 (5)：6 - 16.

李颖明，王旭，刘扬，2015. 农业生产性服务对农地经营规模的影响 [J]. 中国农学通报，31（35）：264 - 272.

李云新，杨磊，2014. 快速城镇化进程中的社会风险及其成因探析 [J]. 华中农业大学学报（社会科学版）(3)：6 - 11.

梁志会，张露，张俊飚，2020. 土地转入、地块规模与化肥减量——基于湖北省水稻主产区的实证分析 [J]. 中国农村观察 (5)：73 - 92.

廖文梅，袁若兰，王璐，等，2020. 社会化服务、农地确权对农业生产效率的影响研究 [J]. 农业现代化研究，41（6）：978 - 987.

林文声，秦明，王志刚，2017. 农地确权颁证与农户农业投资行为 [J]. 农业技术经济，272（12）：4 - 14.

林文声，王志刚，2018. 中国农地确权何以提高农户生产投资？[J]. 中国软科学 (5)：91 - 100.

林文声，王志刚，王美阳，2018. 农地确权、要素配置与农业生产效率——基于中国劳动力动态调查的实证分析 [J]. 中国农村经济 (8)：64 - 82.

林毅夫，1994. 制度、技术与中国农业发展，[M] 上海：上海人民出版社.

刘承芳，张林秀，樊胜根，2002. 农户农业生产性投资影响因素研究——对江苏省六个县市的实证分析 [J]. 中国农村观察 (4)：34 - 42.

刘家成，钟甫宁，徐志刚，等，2019. 劳动分工视角下农户生产环节外包行为异质性与成因 [J]. 农业技术经济 (7)：4 - 14.

刘进，贾杰斐，许庆，2023. 农机购置补贴如何影响小农户农机社会化服务获得——基于全国农村固定观察点数据的分析 [J]. 中国农村经济 (2)：85 - 108.

刘强，杨万江，2016. 农户行为视角下农业生产性服务对土地规模经营的影响 [J]. 中国农业大学学报，21（9）：188 - 197.

刘荣茂，马林靖，2006. 农户农业生产性投资行为的影响因素分析——以南京市五县区为例的实证研究 [J]. 农业经济问题 (12)：22 - 26.

刘守英，王瑞民，2019. 农业工业化与服务规模化：理论与经验 [J]. 国际经济评论 (6)：9 - 23.

刘魏，张应良，王燕，2021. 农村劳动力流动与水稻种植户生产环节外包——基于农户自有机械和农地经营规模的替代效应视角 [J]. 贵州大学学报（社会科学版）(5)：32 - 45，120.

刘艳，马贤磊，石晓平，2022. 农机服务对小农户土地流转"内卷化"的影响 [J]. 华中农业大学学报（社会科学版）(2)：146 - 157.

刘子涵，辛贤，吕之望，2021. 互联网农业信息获取促进了农户土地流转吗 [J]. 农业技术经济 (2)：100 - 111.

卢华，陈仪静，胡浩，等，2021. 农业社会化服务能促进农户采用亲环境农业技术吗？

［J］. 农业技术经济（3）：36－49.

卢华，胡浩，陈苏，2023. 农业生产性服务提高了粮食产量吗［J］. 江西财经大学学报（1）：102－113.

芦千文，韩馥冰，2023. 农业生产性服务业：世界历程、前景展望与中国选择［J］. 世界农业（5）：32－43.

芦千文，吕之望，2019. 中国农机作业服务体系的形成、演变与影响研究［J］. 中国经济史研究（2）：124－135.

芦千文，苑鹏，2021. 农业生产托管与稳固中国粮食安全战略根基［J］. 南京农业大学学报（社会科学版）（5）：58－67.

陆岐楠，张崇尚，仇焕广，2017. 农业劳动力老龄化、非农劳动力兼业化对农业生产环节外包的影响［J］. 农业经济问题，38（10）：27－34.

罗必良，2017. 论服务规模经营——从纵向分工到横向分工及连片专业化［J］. 中国农村经济（11）：2－16.

罗必良，2020. 加强社会化服务促进小农户与现代农业有机衔接［J］. 中国乡村发现：44－47.

罗必良，2020. 小农经营、功能转换与策略选择——兼论小农户与现代农业融合发展的"第三条道路"［J］. 农业经济问题（1）：29－47.

罗必良，胡新艳，张露，2021. 为小农户服务：中国现代农业发展的"第三条道路"［J］. 农村经济（1）：1－10.

罗必良，李尚蒲，2018. 论农业经营制度变革及拓展方向［J］. 农业技术经济（1）：4－16.

罗浩轩，2017. 中国区域农业要素禀赋结构变迁的逻辑和趋势分析［J］. 中国农村经济（3）：46－59.

罗明忠，2008. 农村劳动力转移后回流的原因：逻辑推演与实证检验［J］. 经济学动态（1）：51－54.

罗明忠，2009. 就地转移还是异地转移：基于人力资本投资视角的分析［J］. 经济学动态（11）：29－32.

罗明忠，陈江华，唐超，2019. 农业生产要素配置与农机社会化服务供给行为——以水稻劳动密集型环节为例［J］. 江苏大学学报（社会科学版），21（1）：35－43，56.

罗明忠，邱海兰，2021. 农机社会化服务采纳、禀赋差异与农村经济相对贫困缓解［J］. 南方经济（2）：1－18.

罗明忠，邱海兰，陈江华，2019. 农业社会化服务的现实约束、路径与生成逻辑——江西绿能公司例证［J］. 学术研究（5）：79－87，177－178.

罗琦，罗明忠，唐超，2019. 非农转移与农内转移：农村劳动力转移的行为选择与机理［J］. 经济体制改革（3）：185－193.

罗琦，王浩，2019. 农业发展与农村劳动力农内转移的互动效应［J］. 甘肃社会科学（3）：217－222.

马俊凯，李光泗，2023. 农地确权、要素配置与种植结构："非粮化"抑或"趋粮化"[J]. 农业技术经济（5）：37-48.

马晓河，崔红志，2002. 建立土地流转制度，促进区域农业生产规模化经营[J]. 管理世界（11）：63-77.

穆娜娜，孔祥智，钟真，2016. 农业社会化服务模式创新与农民增收的长效机制[J]. 江海学刊（1）：65-71.

彭柳林，吴昌南，张云，等，2018. 粮食生产效率：农业生产性服务对农业劳动力老龄化具有调节效应吗？——基于江西省粮食主产县500农户的调查[J]. 中国农业资源与区划，39（4）：7-13.

戚迪明，杨肖丽，江金启，等，2015. 生产环节外包对农户土地规模经营的影响分析——基于辽宁省水稻种植户的调查数据[J]. 湖南农业大学学报（社会科学版），16（3）：7-12.

恰亚诺夫，1996. 农民经济组织[M]. 萧正洪，译. 北京：中央编译出版社.

钱龙，高强，方师乐，2021. 家庭自有农机如何影响土地流转？——基于CFPS的实证分析[J]. 中国农业大学学报，26（6）：219-230.

钱龙，钱文荣，2018. 外出务工对农户农业生产投资的影响——基于中国家庭动态跟踪调查的实证分析[J]. 南京农业大学学报（社会科学版）（5）：109-121.

邱海兰，罗明忠，唐超，2021. 农机社会化服务采纳、效率提升与农户相对贫困缓解——基于城乡比较视角[J]. 农村经济（5）：109-117.

邱海兰，唐超，2019. 农业生产性服务能否促进农民收入增长[J]. 广东财经大学学报（5）：100-112.

邱海兰，唐超，2020. 劳动力非农转移对农机外包服务投资影响的异质性分析[J]. 农林经济管理学报，19（6）：690-698.

仇童伟，2019. 农业生产要素配置与农户种植行为选择[D]. 广州：华南农业大学.

仇童伟，何勤英，罗必良，2021. 谁更能从农机服务中获益——基于小麦产出率的分析[J]. 农业技术经济（9）：4-15.

仇童伟，罗必良，2018a. 农地产权强度对农业生产要素配置的影响[J]. 中国人口·资源与环境（1）：63-70.

仇童伟，罗必良，2018b. 种植结构"趋粮化"的动因何在？——基于农地产权与要素配置的作用机理及实证研究[J]. 中国农村经济（2）：65-80.

曲朦，赵凯，2021. 不同土地转入情景下经营规模扩张对农户农业社会化服务投入行为的影响[J]. 中国土地科学（5）：37-45.

曲朦，赵凯，2021. 粮食主产区农户农业社会化服务采用：增收效应及要素贡献分解[J]. 农村经济（5）：118-126.

阮若卉，陈江华，2023. 农机社会化服务对农民主观幸福感的影响研究[J]. 农业现代化研究，44（2）：305-315.

申红芳，陈超，廖西元，等，2015. 稻农生产环节外包行为分析——基于 7 省 21 县的调查 [J]. 中国农村经济（5）：44-57.

盛洪，1994. 分工与交易 [M]. 上海：上海人民出版社.

石志恒，符越，2023. 社会化服务能促进农户采纳农药减量行为吗？——基于服务专业化维度的考察 [J]. 中国农业资源与区划（3）：130-142.

宋海英，姜长云，2015. 农户对农机社会化服务的选择研究——基于 8 省份小麦种植户的问卷调查 [J]. 农业技术经济（9）：27-36.

宋林，何洋，2020. 互联网使用对中国农村劳动力就业选择的影响 [J]. 中国人口科学（3）：61-74，127.

苏柯雨，魏滨辉，胡新艳，2020. 农业劳动成本、市场容量与农户农机服务外包行为——以稻农为例 [J]. 农村经济（2）：98-105.

苏卫良，刘承芳，张林秀，2016. 非农就业对农户家庭农业机械化服务影响研究 [J]. 农业技术经济（10）：4-11.

眭忠林，刘春明，周杨，2021. 农业机械对劳动力的替代能否提高粮食生产环境效率 [J]. 世界农业（1）：99-108.

孙新华，2013. 农业经营主体：类型比较与路径选择：以全员生产效率为中心 [J]. 经济与管理研究（12）：59-66.

檀竹平，耿鹏鹏，罗必良，2022. 转移距离、服务外包与农地流转——基于农业劳动力转移的农户证据 [J]. 经济经纬（5）：35-44.

唐林，罗小锋，张俊飚，2021. 购买农业机械服务增加了农户收入吗——基于老龄化视角的检验 [J]. 农业技术经济（1）：46-60.

唐文苏，翁贞林，鄢朝辉，2022. 信息获取、风险偏好与技术密集型农机社会化服务——基于江西省水稻规模经营户的调研 [J]. 中国农业大学学报，27（4）：270-280.

童庆蒙，张露，张俊飚，2019. 土地转入能否提升农民生活满意度？——来自湖北省江汉平原地区的经验证据 [J]. 长江流域资源与环境，28（3）：614-622.

万晶晶，钟涨宝，2020. 非农就业、农业生产服务外包与农户农地流转行为 [J]. 长江流域资源与环境（10）：2307-2322.

王蓓，陆大道，2011. 科技资源空间配置研究进展 [J]. 经济地理（5）：712-718.

王常伟，顾海英，2013. 市场 VS 政府，什么力量影响了我国菜农农药用量的选择？ [J]. 管理世界（11）：50-66，187-188.

王春超，2011. 农村土地流转、劳动力资源配置与农民收入增长：基于中国 17 省份农户调查的实证研究 [J]. 农业技术经济（1）：93-101.

王静，赵凯，2022. 宅基地退出、要素配置与农户农业生产效率 [J]. 南京农业大学学报（社会科学版）（5）：151-163.

王军，韩悦，2023. 互联网使用对农村劳动力非农就业的影响研究——理论机制与微观证据 [J]. 经济问题（9）：88-97.

王玉斌，李乾，2019. 农业生产性服务、粮食增产与农民增收——基于 CHIP 数据的实证分析 [J]. 财经科学（3）.

王玉斌，赵培芳，2022. 非农就业、农业生产性服务与农地流转——基于湘皖苏水稻种植户的调查数据 [J]. 中国农业资源与区划（2）：113-121.

王志刚，申红芳，廖西元，2011. 农业规模经营：从生产环节外包开始：以水稻为例 [J]. 中国农村经济（9）：4-12.

温忠麟，叶宝娟，2014. 中介效应分析：方法和模型发展 [J]. 心理科学进展，22（5）：731-745.

翁贞林，徐俊丽，2019. 农机社会化服务与农地转入：来自小规模稻农的实证分析 [J]. 农林经济管理学报，18（1）：1-11.

吴佳璇，闵师，王晓兵，等，2022. 互联网使用与偏远地区农户家庭生产要素配置——基于西南山区农户面板数据 [J]. 中国农村经济（8）：93-113.

吴丽丽，李谷成，周晓时，2015. 要素禀赋变化与中国农业增长路径选择 [J]. 中国人口·资源与环境，25（8）：144-152.

吴笑语，蒋远胜，2020. 社会网络、农户借贷规模与农业生产性投资——基于中国家庭金融调查数据库 CHFS 的经验证据 [J]. 农村经济（12）：104-112.

谢地，李梓旗，2021. "三权分置"背景下农村土地规模经营与服务规模经营协调性研究 [J]. 经济学家（6）：121-128.

谢花林，黄萤乾，2022. 非农就业与土地流转对农户耕地撂荒行为的影响——以闽赣湘山区为例 [J]. 自然资源学报，37（2）：408-423.

谢琳，胡新艳，罗必良，2020. 技术进步、信任格局与农业生产环节外包 [J]. 农业技术经济，2020（11）：4-16.

谢琳，廖佳华，李尚蒲，2020. 服务外包有助于化肥减量吗？——来自荟萃分析的证据 [J]. 南方经济（9）：26-38.

徐晶，张正峰，2021. 农机社会化服务对农地流转的影响 [J]. 江苏农业学报，37（5）：1310-1319.

徐盼，诸培新，张玉娇，2019. 农业生产性服务市场对农户农地流转决策影响——以江苏省海安县水稻种植为 [J]. 土地经济研究（1）：78-94.

徐勤航，高延雷，诸培新，2023. 小农户组织化获取农业生产性服务与收入增长——来自微观农户调查的证据 [J]. 农村经济（1）：117-126.

徐志刚，赵小松，刘静，2023. 文化差异、就业平等性与农村劳动力跨省迁移——一个同时考虑非货币效用的分析框架 [J]. 中国农业大学学报（社会科学版）（10）：1-18.

许庆，刘进，钱有飞，2017. 劳动力流动、农地确权与农地流转 [J]. 农业技术经济（5）：4-16.

亚当·斯密，1997. 国民财富的性质和原因的研究 [M]. 郭大力，王亚南，译. 北京：商务印书馆.

颜华，齐悦，张梅，2023. 农业生产性服务促进粮食绿色生产的效应及作用机制研究 ［J］. 中国农业资源与区划，44（2）：54-67.

杨春华，2018. 适度规模经营视角下的农地制度创新——相关改革试点情况的调查与思考 ［J］. 农村经济（9）：83-86.

杨高第，张露，2022. 农业生产性服务对农户耕地质量保护行为的影响——来自江汉平原水稻主产区的证据 ［J］. 自然资源学报，37（7）：1848-1864.

杨高第，张露，岳梦，等，2020. 农业社会化服务可否促进农业减量化生产？——基于江汉平原水稻种植农户微观调查数据的实证分析 ［J］. 世界农业（5）：87-97.

杨思雨，蔡海龙，2020. 不同环节农机社会化服务对粮食生产技术效率的影响——以早稻为例 ［J］. 中国农业大学学报，25（11）：138-149.

杨思雨，蔡海龙，2020. 农机社会化服务对小规模农户劳动力转移的影响研究 ［J］. 农业现代化研究，41（3）：417-425.

杨思雨，蔡海龙，2021. 农机社会化服务对玉米生产技术效率的影响 ［J］. 中国农业资源与区划（4）：118-125.

杨思雨，蔡海龙，丁志超，2022. 农机社会化服务对小麦生产技术效率的影响 ［J］. 中国农业资源与区划（2）：97-105.

杨思雨，李伟，2023. 农机社会化服务对农业劳动生产率的影响研究 ［J/OL］. 中国农业资源与区划：1-14 ［2023-09-10］.

杨义武，林万龙，2021. 农机具购置补贴、农机社会化服务与农民增收 ［J］. 农业技术经济（9）：16-35.

杨震宇，陈风波，张日新，2022. 非农就业与农业外包服务行为——对"替代效应"与"收入效应"的再考察 ［J］. 农业技术经济（3）：84-99.

杨志海，2019. 生产环节外包改善了农户福利吗？——来自长江流域水稻种植农户的证据 ［J］. 中国农村经济（4）：73-91.

杨子，饶芳萍，诸培新. 农业社会化服务对土地规模经营的影响——基于农户土地转入视角的实证分析 ［J］. 中国农村经济，2019（3）：82-95.

杨子，张建，诸培新，2019. 农业社会化服务能推动小农对接农业现代化吗？——基于技术效率视角 ［J］. 农业技术经济（9）：16-26.

杨子砚，文峰，2020. 从务工到创业——农地流转与农村劳动力转移形式升级 ［J］. 管理世界，36（7）：171-185.

姚洋，2000. 中国农地制度：一个分析框架 ［J］. 中国社会科学（2）：54-65，206.

尹志超，刘泰星，张诚，2020. 农村劳动力流动对家庭储蓄率的影响 ［J］. 中国工业经济（1）：24-42.

应瑞瑶，徐斌，2014. 农户采纳农业社会化服务的示范效应分析——以病虫害统防统治为例 ［J］. 中国农村经济（8）：30-41.

于立，王建林，2020. 生产要素理论新论——兼论数据要素的共性和特性 ［J］. 经济与管理研究（4）：62-73.

曾雅婷，Jin Yanhong，吕亚荣，2017. 农户劳动力禀赋、农地规模与农机社会化服务采纳行为分析——来自豫鲁冀的证据［J］. 农业现代化研究，38（6）：955-962.

张恒，郭翔宇，2021. 农业生产性服务、农业技术进步与农民增收——基于中介效应与面板门槛模型的分析［J］. 农业现代化研究，42（4）：652-663.

张红宇，2002. 中国农地调整与使用权流转：几点评论［J］. 管理世界（5）：76-87.

张建，诸培新，南光耀，2019. 不同类型农地流转对农户农业生产长期投资影响研究——以江苏省四县为例［J］. 南京农业大学学报（社会科学版），19（3）：96-104，159.

张荐华，高军，2019. 发展农业生产性服务业会缩小城乡居民收入差距吗？——基于空间溢出和门槛特征的实证检验［J］. 西部论坛，29（1）：45-54.

张晶，翟涛，周慧秋，2010. 黑龙江省大豆产业链发展现状、问题及对策［J］. 东北农业大学学报（社会科学版），8（2）：33-37.

张昆扬，张改清，韩嫣，等，2023. 农机作业服务对农业生态效率的影响：本地效应与空间溢出［J］. 中国农业大学学报，28（3）：223-237.

张乐，曹静，2013. 中国农业全要素生产率增长：配置效率变化的引入——基于随机前沿生产函数法的实证分析［J］. 中国农村经济（3）：4-15.

张丽，李容，2020. 农机服务发展与粮食生产效率研究：2004—2016——基于变系数随机前沿分析［J］. 华中农业大学学报（社会科学版），（2）：67-77，165.

张利国，吴芝花，2019. 大湖地区种稻户专业化统防统治采纳意愿研究［J］. 经济地理（3）：180-186.

张露，罗必良，2018. 小农生产如何融入现代农业发展轨道？——来自中国小麦主产区的经验证据［J］. 经济研究，53（12）：144-160.

张露，罗必良，2019. 农业减量化及其路径选择：来自绿能公司的证据［J］. 农村经济（10）：9-21.

张露，罗必良，2020. 农业减量化：农户经营的规模逻辑及其证据［J］. 中国农村经济（2）：81-99.

张露，罗必良，2022. 农业的减量化逻辑：一个分析框架［J］. 农业经济问题（4）：15-26.

张露，杨高第，李红莉，2022. 小农户融入农业绿色发展：外包服务的考察［J］. 华中农业大学学报（社会科学版）（4）：53-61.

张梦玲，陈昭玖，翁贞林，等，2022. 农业社会化服务对化肥减量施用的影响研究——基于要素配置的调节效应分析［J］. 农业技术经济（3）：30-50.

张梦玲，童婷，陈昭玖，2022. 农业社会化服务有助于提升农业绿色生产率吗？［J］. 南方经济（8）：1-21.

张士云，江激宇，栾敬东，2014. 美国和日本农业规模化经营进程分析及启示［J］. 农业经济问题（1）：101-109.

张笑寒，岳启凡，2019. 土地规模化经营促进农业生产性投资了吗？——基于全国三十一个省（市）的面板数据 [J]. 审计与经济研究（4）：87-93.

张永峰，王坤沂，路瑶，2021. 土地流转如何影响农户收入增长——基于规模经济与要素配置的视角 [J]. 农业经济与管理（5）：83-93.

张哲晰，潘彪，高鸣，等，2023. 农业社会化服务：衔接赋能抑或歧视挤出 [J]. 农业技术经济（5）：129-144.

张忠军，易中懿，2015. 农业生产性服务外包对水稻生产率的影响研究——基于 358 个农户的实证分析 [J]. 农业经济问题，36（10）：69-76.

张宗毅，杜志雄，2018. 农业生产性服务决策的经济分析——以农机作业服务为例 [J]. 财贸经济（4）：146-160.

赵培芳，王玉斌，2020. 农户兼业对农业生产环节外包行为的影响——基于湘皖两省水稻种植户的实证研究 [J]. 华中农业大学学报（社会科学版）（1）：38-46，163.

赵鑫，任金政，李书奎，等，2020. 农机作业服务能提升小麦生产技术效率吗？——基于 2007—2017 年省级面板数据的实证分析 [J]. 中国农业大学学报，25（11）：150-161.

赵耀辉，1997. 中国农村劳动力流动及教育在其中的作用——以四川省为基础的研究 [J]. 经济研究（2）：37-42，73.

郑宏运，李谷成，2023. 土地流转如何影响农业资源配置效率：一个异质性分析 [J]. 农业技术经济（4）：4-17.

郑旭媛，林庆林，2021. 生产外包服务发展对农村劳动力非农化配置的影响——基于农户异质性与环节异质性的视角 [J]. 农业技术经济（6）：101-114.

郑旭媛，徐志刚，2016. 资源禀赋约束、要素替代与诱致性技术变迁——以中国粮食生产的机械化为例. [J]. 经济学（季刊），16（1）：45-66.

钟甫宁，2021. 从要素配置角度看中国农业经营制度的历史变迁 [J]. 中国农村经济（6）：2-14.

钟甫宁，何军，2007. 增加农民收入的关键：扩大非农就业机会 [J]. 农业经济问题（1）：62-70.

钟甫宁，纪月清，2009. 土地产权、非农就业机会与农户农业生产投资 [J]. 经济研究（12）：43-51.

钟甫宁，陆五一，徐志刚，2016. 农村劳动力外出务工不利于粮食生产吗？——对农户要素替代与种植结构调整行为及约束条件的解析 [J]. 中国农村经济（7）：36-47.

钟真，胡珺祎，曹世祥，2020. 土地流转与社会化服务："路线竞争"还是"相得益彰"？——基于山东临沂 12 个村的案例分析 [J]. 中国农村经济（10）：52-70.

钟真，黄斌，李琦，2020. 农村产业融合的"内"与"外"——乡村旅游能带动农业社会化服务吗 [J]. 农业技术经济（4）：38-50.

周其仁，1997. 机会与能力——中国农村劳动力的就业和流动 [J]. 管理世界（5）：20.

周晓时，2017. 劳动力转移与农业机械化进程 [J]. 华南农业大学学报（社会科学版），16

（3）：49 - 57.

周振，马庆超，孔祥智，2016. 农业机械化对农村劳动力转移贡献的量化研究［J］. 农业技术经济（2）：52 - 62.

朱建军，徐宣国，郑军，2023. 农机社会化服务的化肥减量效应及作用路径研究——基于 CRHPS 数据［J］. 农业技术经济（4）：64 - 76.

朱丽娟，顾冬冬，2021. 劳动力流动、服务外包与粮食技术效率——基于河南省 2058 个农户的实证［J］. 中国农业大学学报，26（8）：253 - 264.

朱喜，史清华，盖庆恩，2011. 要素配置扭曲与农业全要素生产率［J］. 经济研究（5）：86 - 98.

Ahmad S, 1966. On the Theory of Induced Invention［J］. The Economic Journal，302（76）：344 - 357.

Ai J, Hu L, Xia S, et al. , 2023. Analysis of Factors Influencing the Adoption Behavior of Agricultural Productive Services Based on Logistic—ISM Model：A Case Study of Rice Farmers in Jiangxi Province, China［J］. Agriculture，13（1）：162.

Alwarritzi W, Nanseki T, Chomei Y, 2015. Analysis of the factors influencing the technical efficiency among oil palm smallholder farmers in Indonesia［J］. Procedia Environmental Sciences，28：630 - 638.

Aryal J P, Maharjan S, Erenstein O, 2019. Understanding factors associated with agricultural mechanization：A Bangladesh case［J］. World Development Perspectives，13：1 - 9.

Bambio Y, Agha S B, 2018. Land Tenure Security and Investment：Does Strength of Land Right Really Matter in Rural Burkina Faso［J］. World Development，111（6）：130 - 147.

Binam J N, Tonye J, Nyambi G, et al. , 2004 . Factors affecting the technical efficiency among smallholder farmers in the slash and burn agriculture zone of Cameroon［J］. Food policy，29（5）：531 - 545.

Deng X, Xu D, Zeng M, et al. , 2020 . Does outsourcing affect agricultural productivity of farmer households? Evidence from China［J］. China Agricultural Economic Review，12（4）：673 - 688.

Dixit A K, Stiglitz J E, 1977. Monopolistic Competition and Optimum Product Diversity［J］. American economic review，67（3）：297 - 308.

Farrell, M. J, 1957. The Measurement of Productive Efficiency, Journal of the Royal Statistical Society，120（3）：253 - 290.

Gao J, Gai Q, Liu B, et al. , 2021. Farm size and pesticide use：Evidence from agricultural production in China［J］. China Agric，13：912 - 929.

Giles J, 2006. Is Life More Risky in the Open? Household Risk-Coping and the Opening of China's Labor Markets［J］. Journal of Development Economics（10）：25 - 60.

Gillespie J, Nehring R, Sandretto C, et al. , 2010. Forage outsourcing in the dairy sector: The extent of use and impact on farm profitability [J]. Agricultural and Resource Economics Review, 39 (3): 399 – 414.

Guo L, Duan X, Li H, et al. , 2022. Does a higher minimum wage accelerate labour division in agricultural production? Evidence from the main rice-planting area in China [J]. Economic Research-Ekonomska Istra ivanja, 35 (1): 2984 – 3010.

Hayami Y, Ruttan V W, 1985. Agricultural Development: An International Perspective [M]. The Johns Hopkins Press.

Hicks J R, 1963. The Theory of Wages [M]. London: Macmillan.

Hu R, Yang Z, Kelly P, et al. , 2009. Agricultural Extension System Reform and Agent Time Allocation in China [J]. China Ecnomic Review, 20 (2): 303 – 315.

Huang J, Rozelle S, 1996. Technological change: the discovery of the engine of productivity growth in China's rural economy, Joural of Development Economics: 337 – 369.

Kennedy C, 1964. Induced Bias in Innovation and the Theory of Distribution [J]. Economic Journal, 295 (74) : 541 – 547.

Krugman P R, 1979. Increasing Returns, Monopolistic Competition, and International Trade [J]. Journal of international economics, 9 (4): 469 – 479.

Lewis B D, Pattinasarany D, 2009. Determining citizen satisfaction with local public education in Indonesia: The significance of actual service quality and governance conditions [J]. Growth and Change , 40 (1): 85 – 115.

Lewis, W A, 1954. Economic Development with Unlimited Supplies of Labor [D]. The Manchester School.

Lin J Y, 1992. Rural reforms and agricultural growth in China [J]. The American economic review: 34 – 51.

Lin J Y, 1991. Prohibition of factor market exchanges and technological choice in Chinese agriculture [J]. Dev Stud (27): 1 – 15.

Lin J Y, 1991. Public Research Resource Allocation in Chinese Agriculture: A Test of Induced Technological Innovation Hypotheses [J]. Economic Development and Cultural Change, 40 (1) : 55 – 73.

Lio M, 1998. Uncertainty, Insurance, and Division of Labor [J]. Review of development economics, 2 (1): 76 – 86.

Liu D, Huang Y, Luo X, et al. , 2023. Farmers' technology preference and influencing factors for pesticide reduction: evidence from Hubei Province, China [J]. Environmental Science and Pollution Research, 30 (3): 6424 – 6434.

Long H, Tu S, Ge D, et al. , 2016. The allocation and management of critical resources in rural China under restructuring: Problems and prospects [J]. Journal of Rural Studies,

47: 392 – 412.

Lyne M C, Jonas N, Ortmann G F, 2018. A quantitative assessment of an outsourced agricultural extension service in the Umzimkhulu District of KwaZulu-Natal, South Africa [J]. The Journal of Agricultural Education and Extension, 24 (1): 51 – 64.

Machila M, Lyne M, Nuthall P L, 2015. Assessment of an Outsourced Agricultural Extension Service in the Mutasa District of Zimbabwe, Journal of Agricultural Extension and Rural Development, 7 (5): 142 – 149.

Marenya P, Barret C B, 2009. Soil Quality and Fertilizer Use Rates among Smallholder Farmers in Western Kenya [J]. Agricultural Economics, 40 (5): 561 – 572 .

Mi Q, Li X, Gao J, 2020. How to improve the welfare of smallholders through agricultural production outsourcing: Evidence from cotton farmers in Xinjiang, Northwest China [J].

Mottaleb K A, Rahut D B, Ali A, et al. , 2017. Enhancing smallholder access to agricultural machinery services: lessons from Bangladesh [J]. The journal of development studies, 53 (9): 1502 – 1517.

Pingali P, 2007. Agricultural Mechanization: Adoption Patterns and Economic Impact [M]. In Handbook of Agricultural Economics.

Qian L, Lu H, Gao Q, et al. , 2022. Household-owned farm machinery vs. outsourced machinery services: The impact of agricultural mechanization on the land leasing behavior of relatively large-scale farmers in China [J]. Land Use Policy, 115: 106008.

Qing Y, Chen M, Sheng Y, et al. , 2019. Mechanization services, farm productivity and institutional innovation in China [J]. China Agricultural Economic Review, 11 (3): 536 – 554.

Qu X, Kojima D, Nishihara Y, et al. , 2020 . Impact of rice harvest loss by mechanization or outsourcing: Comparison of specialized and part-time farmers Agricultural Economics [J]. Czech, 66, (12): 542 – 549.

Sang X, Luo X, Razzaq A, et al. , 2023. Can agricultural mechanization services narrow the income gap in rural China? [J]. Heliyon (9): 13367.

Schultz T, 1964. Transforming Traditional Agriculture [M]. New Haven: Yale University Press.

Sims B, Kienzle J, 2016. Making Mechanization Accessible to Smallholder Farmers in Sub-Saharan Africa [J]. Environments (3): 11.

Sun D, Rickaille M, Xu Z, 2018. Determinants and Impacts of Outsourcing Pest and Disease Management: Evidence from China's Rice Production [J]. China Agricultural Economic Review, 10 (3): 443 – 461.

Taylor J E , Rozelle S, debrauw A, 2003. Migration and Incomes in Source Communities: A New Economics of Migration Perspective from China. Economic Development and Cultural

Change, 52 (1): 75 - 101.

Udry C, 1996. Gender, Agricultural Production, and the Theory of the Household [J]. Journal of Political Economy, 104 (5): 1010 - 1046.

Udry C, Hoddinott J, Alderman H, et al. , 1995. Gender differentials in farm productivity: implications for household efficiency and agricultural policy [J]. 20 (5): 407 - 423.

Wang X B, Yamauchi F, Huang J K, 2016. Rising wages, mechanization, and the substitution between capital and labor: Evidence from small scale farm system in China [J]. Agricultural Economics, 47 (3): 309 - 317.

Yang R, 2014. A Comparative Analysis of Agricultural Production Efficiency between China and Japan: from the Perspective of Farm Households Production Decision [C]. 2nd International Conference on Humanities, Social Sciences and Global Business Management (ISSGBM), London, UK.

Yang X, Shi H L, 1992. Specialization and Product Diversity [J]. American Economic Review, 82 (2): 392 - 398.

Young A, 1928. Increasing Returns and Economic Progress [J]. The Economic Journal , 38 (152): 527 - 542.

Zhang C, Hu R, Shi G, et al. , 2015. Overuse or underuse? An observation of pesticide use in China [J]. Sicence of the Total Environment, 538: 1 - 6.

附录：调查问卷

农机社会化服务调查问卷

问卷编码：_____

朋友，您好：

本次问卷是为完成课题研究而设置的，所有回答不分对错。课题组向您郑重承诺，绝不会泄露您的隐私，也不会给您带来任何麻烦。在回答问卷之前，请您填写下表。

被访问者姓名：_____　　　　　　　电话号码：_____

A 村域特征

1. 农户所在地：_____市_____县（市/区）_____镇（乡）_____村小组（行政村）
2. 您经营的土地所在村的地势情况：_____ 1＝山地；2＝丘陵；3＝平原
3. 该村交通条件：_____ 1. 很差；2. 较差；3. 一般；4. 较好；5. 很好
4. 该村是否为城郊村：_____ 1＝是，0＝否；村交通状况：_____ 1＝很差，2＝较差，3＝一般，4＝较好，5＝很好
5. 该村户数_____户，_____人（总人口）
6. 该村耕地总面积_____亩，其中水田面积_____亩，旱地面积_____亩
7. 该村土地调整情况：_____ 1＝定期调整；2＝全体集体成员同意时调整；3＝执行国家政策
8. 该村在本镇内经济发展水平处于：_____ 1. 很低；2. 相对低；3. 中游；4. 比较高；5. 很高
9. 该村在本县内经济发展水平处于：_____ 1. 很低；2. 相对低；3. 中游；4. 比较高；5. 很高
10. 该村村干部与大部分村民关系：_____ 1. 很不好；2. 不好；3. 一般；4. 好；5. 很好
11. 该村是否能上网：_____ 1. 不能；2. 能
12. 该村雇用机械为水稻种植提供服务难易度：_____ 1. 难；2. 一般；3. 不难

B 农户特征

B1 家庭基本情况

1. 2021 年您家户籍人口数为_____人，其中大专及以上文化程度（含在读）人口数为_____人；2021 年家庭劳动力人数有_____人，从事农业的劳动力有_____人。

2. 家庭人口中 65 岁以上_____人，其中 80 岁以上有_____人；18 岁以下有_____人。

B2 家庭成员情况（户籍人口的基础上以共同生活为准则，若家里有 2 个成年儿子，选填 1 个儿子（儿媳）的信息）

个人编码	B201 与户主关系 ①户主；②配偶；③子女或其配偶；④孙子女或其配偶；⑤父母；⑥兄弟姐妹；⑦其他	B202 性别 ①男；②女	B203 年龄（周岁）	B204 受教育年限（年）	B205 健康状况 ①无劳动能力；②差；③中；④良；⑤优	B206 是否为水稻种植决策者 ①是；②否	B207 水稻种植年限（年）（上题为是的填）	B208 非农就业地点 ①没有非农就业；②省外；③省内县外；④县内	B209 非农就业行业 ①工矿企业；②建筑业；③服务业；④制造业；⑤其他	B210 非农就业时间（月）	B211 非农就业平均月收入（元/月）
1											
2											
3											
4											
5											

B3 家庭社会资本

编码	题　项	选项	回答
B301	您家里是否有共产党员？	1＝是；0＝否	
B302	您家有村（组）干部吗？	1＝是；0＝否	
B303	您家是否为该村大姓？	1＝是；0＝否	
B304	您家和三代血亲是否有在乡级及以上公务员、事业单位工作？	1＝是；0＝否	
B305	您家经常往来（人情来往）亲戚户数 ①9 户以内；②10～29 户；③30 户以上		
B306	您家是否有亲朋好友从事水稻生意？1＝是；0＝否		

C 生产经营特征

C1 农业生产经营特征

编码	题　项	选　项	回答
C101	您的工作经历（可多选）	①一直务农；②兼业务农；③务工或经商；④其他	
C102	您的经营主体类型是	①普通农户；②专业大户；③家庭农场；④农民专业合作社；⑤农业企业（以最主要的为准）	
C103	是否加入水稻种植合作社	1＝是；0＝否	
C104	是否加入农机专业合作社	1＝是；0＝否	
C105	是否购买农机具	1＝是；0＝否	
C106	购买农机具类型	①耕地机；②插秧机；③收割机；④烘干机；⑤无人机；⑥播种机；⑦其他；⑧没有购买	
C107	农机具的初始价格分别是	元	

（续）

编码	题　项	选　项	回答
C108	购置补贴（平均值）	元	
C109	您家水稻经营面积	亩（注：C109＝C111＋C112）	
C110	您家水稻块数	块（有田埂分隔便算一块）	
C111	双季稻面积	亩	
C112	单季稻面积	亩	
C113	您家自有承包稻田面积	亩（注：土地确权证上的水田面积）	
C114	您家今年总收入多少钱	元	
C115	您家今年农业经营收入大约多少钱	元（注：农业收入包括种植业、林业、畜禽养殖、渔业）	
C116	您家主要收入来源	①务工；②务农；③经商	
C117	您家收入在本村水平	①偏上；②中等；③偏下	

C2 用地资源情况

编码	题　项	选　项	回答
C201	您田地是否适合机耕（面积最大的一块）	①是；②否	
C202	您的田间农用机械使用的方便程度如何	①无法使用；②不方便；③一般；④较为方便；⑤很方便	
C203	若不方便，原因是	①不直接与机耕道相连；②地块狭小；③其他	
C204	不同地块之间的最远距离	公里	
C205	地块连片程度	①很分散；②较为分散；③部分连片；④都连片	
C206	您家水稻用地质量	①差；②中；③良；④优	
C207	您家水稻用地肥力	①差；②中；③良；④优	

（续）

编码	题　项	选　项	回答
C208	您家水稻灌溉条件	①差；②中；③良；④优	
C209	您家水稻用地主要类型	①坡地；②平地	
C210	您家转入水稻用地多少亩	亩	
C211	有多少块地	块	
C212	是否签订了合同	①没签订合同；②口头合同；③书面合同	
C213	您家转出水稻用地多少亩	亩	
C214	有多少块地	块	
C215	是否签订了合同	①没签订合同；②口头合同；③书面合同	
C216	签订合同前，联系交易对象多少次	次	
C217	交易或合同对象主要通过下列哪种途径获取	①自己寻找；②对象寻找；③亲戚朋友介绍；④政府介绍；⑤中介组织介绍；⑥其他方式	
C218	流转水稻用地合同履行情况	①履约、无纠纷；②违约、有纠纷	
C219	对水稻种植用地流转的满意度	①很不满意；②不太满意；③一般；④比较满意；⑤非常满意	
C220	对水稻种植用地流转未来服务需求的强烈程度	①没有需求；②较不强烈；③一般；④比较强烈；⑤很强烈	

D 经营特征与农机社会化服务

D1 整地

编码	题项	早稻	中稻	晚稻
D101	是否进行机械化耕整地？（1＝是，0＝否）			
D102	使用自家机械比重（％）			
D103	雇用机械整地比重（％）			
D104	机械作业服务供给者（①村集体；②专业大户；③家庭农场；④合作社；⑤龙头企业；⑥私人；⑦其他____）			
D105	雇用机械整地，一亩田费用（元）			
D106	雇用该机械服务，是否签订合同（1. 没签订合同；2. 口头合同；3. 书面合同）			
D107	对该服务的满意度（1＝很不满意；2＝较不满意；3＝一般；4＝比较满意；5＝很满意）			
D108	对该服务未来需求的强烈程度（1＝没有需求；2＝较不强烈；3＝一般；4＝比较强烈；5＝很强烈）			
D109	整地作业方式是什么（自己整地＝1；帮工与换工＝2；雇用机械＝3；雇用机械和人力＝4；雇请专业服务组织＝5）			

D2 播种

编码	题项	早稻	中稻	晚稻
D201	每亩种子投入量（斤）			
D202	种子单价（元/斤）（自留种子折算）			
D203	种子是优质稻品种吗（1＝是；0＝否；2＝不知道）			
D204	购买种子的来源（①农技站；②农资经销商；③合作社；④村集体）			

（续）

编码	题　项	早稻	中稻	晚稻
D205	是否遇到种子品质问题（1＝是；0＝否）			
D206	期望种子的供给者（多选题）（①农技站；②农资经销商；③合作社；④村集体）			
D207	调查员判断是否为优质稻品种（1＝是；0＝否）			
D208	是否机械化播种（1＝是；0＝否）			
D209	使用自家机械播种比例（％）			
D210	雇用机械播种比例（％）			
D211	如果雇用机械，机械作业服务供给者（①村集体；②专业大户；③家庭农场；④合作社；⑤龙头企业；⑥私人；⑦其他＿＿）			
D212	雇用机械播种，一亩田费用（元）			
D213	如果雇用了该机械服务，是否签订合同（1. 没签订合同；2. 口头合同；3. 书面合同）			
D214	对该服务的满意度（1＝很不满意；2＝较不满意；3＝一般；4＝比较满意；5＝很满意）			
D215	对该服务未来需求的强烈程度（1＝没有需求；2＝较不强烈；3＝一般；4＝比较强烈；5＝很强烈）			
D216	播种作业方式是什么（自己播种＝1；帮工与换工＝2；雇用机械＝3；雇用机械和人力＝4；雇请专业服务组织＝5）			

D3 育秧

编码	题　项	早稻	中稻	晚稻
D301	是否机械化育秧（1＝是；0＝否）			
D302	其中，使用自家机械育秧比例（％）			
D303	雇用机械育秧比例（％）			

（续）

编码	题　　项	早稻	中稻	晚稻
D304	如果雇用机械，机械作业服务供给者（①村集体；②专业大户；③家庭农场；④合作社；⑤龙头企业；⑥私人；⑦其他____）			
D305	如果雇用了该机械服务，是否签订合同（1. 没签订合同；2. 口头合同；3. 书面合同）			
D306	对该服务的满意度（1＝很不满意；2＝较不满意；3＝一般；4＝比较满意；5＝很满意）			
D307	对该服务未来需求的强烈程度（1＝没有需求；2＝较不强烈；3＝一般；4＝比较强烈；5＝很强烈）			
D308	育秧作业方式是什么（自己育秧＝1；帮工与换工＝2；雇用机械＝3；雇用机械和人力＝4；雇请专业服务组织＝5）			

D4 栽插

编码	题　　项	早稻	中稻	晚稻
D401	栽插方式（可多选）（①人工插秧；②人工抛秧；③机械插秧）			
D402	栽插中是否采用机械（1＝是；0＝否）			
D403	使用自家机械比重（％）			
D404	雇用机械比重（％）			
D405	如果雇用机械，机械作业服务供给者（①村集体；②专业大户；③家庭农场；④合作社；⑤龙头企业；⑥私人；⑦其他____）			
D406	如果雇用了该机械服务，是否签订合同（1. 没签订合同；2. 口头合同；3. 书面合同）			
D407	包括秧苗机械作业费用（元/亩）			

（续）

编码	题　　项	早稻	中稻	晚稻
D408	不包括秧苗机械作业费用（元/亩）			
D409	对该服务的满意度（1＝很不满意；2＝较不满意；3＝一般；4＝比较满意；5＝很满意）			
D410	对该服务未来需求的强烈程度（1＝没有需求；2＝较不强烈；3＝一般；4＝比较强烈；5＝很强烈）			
D411	栽插作业方式是什么（自己栽插＝1；帮工与换工＝2；雇用机械＝3；雇用机械和人力＝4；雇请专业服务组织＝5）			

D5 灌溉

编码	题　　项	早稻	中稻	晚稻
D501	您田间是否有排洪沟、水渠（1＝是；0＝否）			
D502	若有需要，田间是否能及时得到水灌溉（1＝很难；2＝一般可以；3＝能够及时）			
D503	是否需要用抽水泵将水渠中的水引入田中（1＝是；0＝否）			
D504	灌溉用水供给方式（1＝小型水库；2＝排灌站；3＝其他）			
D505	一亩田灌溉所用费用（元）			
D506	有购买灌溉服务吗（1＝是；0＝否）			
D507	一亩田灌溉服务费（元）			
D508	灌溉作业服务供给者（①村集体；②专业大户；③家庭农场；④合作社；⑤龙头企业；⑥私人；⑦其他＿＿）			
D509	如果雇用了该机械服务，是否签订合同（1. 没签订合同；2. 口头合同；3. 书面合同）			

（续）

编码	题　项	早稻	中稻	晚稻
D510	对该服务的满意度（1＝很不满意；2＝较不满意；3＝一般；4＝比较满意；5＝很满意）			
D511	对该服务未来需求的强烈程度（1＝没有需求；2＝较不强烈；3＝一般；4＝比较强烈；5＝很强烈）			
D512	灌溉作业方式是什么（自己灌溉＝1；帮工与换工＝2；雇用机械＝3；雇用机械和人力＝4；雇请专业服务组织＝5）			

D6 施肥

编码	题　项	早稻	中稻	晚稻
D601	是否施用化肥（1＝是；0＝否）			
D602	若是，每亩化肥施用量（斤）	尿　素＿＿＿ 复合肥＿＿＿	尿　素＿＿＿ 复合肥＿＿＿	尿　素＿＿＿ 复合肥＿＿＿
D603	每亩化肥单价（元）	尿　素＿＿＿ 复合肥＿＿＿	尿　素＿＿＿ 复合肥＿＿＿	尿　素＿＿＿ 复合肥＿＿＿
D604	是否施用农家肥（1＝是；0＝否）			
D605	是否施用商品有机肥（1＝是；0＝否）			
D606	若是，每亩商品有机肥施用量（斤）			
D607	商品有机肥单价（元/斤）			
D608	是否采用测土配方施肥（1＝是；0＝否）			
D609	若不采用，原因是（①没听说过；②没有相应的测土配方施肥建议卡；③增加人工成本；④农资店提供的配方肥效果好；⑤费用高）			

（续）

编码	题 项	早稻	中稻	晚稻
D610	施肥是否采用机械（1＝是；0＝否）			
D611	使用自家机械施肥比重（％）			
D612	租用机械施肥比重（％）			
D613	雇用机械施肥，一亩费用（元）			
D614	施肥作业服务供给者（①村集体；②专业大户；③家庭农场；④合作社；⑤龙头企业；⑥私人；⑦其他____）			
D615	对该服务的满意度（1＝很不满意；2＝较不满意；3＝一般；4＝比较满意；5＝很满意）			
D616	对该服务未来需求的强烈程度（1＝没有需求；2＝较不强烈；3＝一般；4＝比较强烈；5＝很强烈）			
D617	施肥作业方式是什么（自己施肥＝1；帮工与换工＝2；雇用机械＝3；雇用机械和人力＝4；雇请专业服务组织＝5）			

D7 打药

编码	题 项	早稻	中稻	晚稻
D701	您是自己打药吗（1＝是；0＝否）			
D702	若是，自己打药次数			
D703	自己打药亩均农药费用（元）			
D704	您是否雇人打药（1＝是；0＝否）			
D705	若是，整季雇人打药次数			
D706	每次人工费（元/亩）			
D707	雇人打药亩均农药费用（元）			
D708	是否使用无人机施药（1＝是；0＝否）			
D709	若是，使用自家机械比重（％）			

（续）

编码	题　　项	早稻	中稻	晚稻
D710	雇用机械比重（％）			
D711	如果雇用了该机械服务，是否签订合同（1. 没签订合同；2. 口头合同；3. 书面合同）			
D712	无人机作业服务方（①村集体；②植保公司；③合作社；④私人）			
D713	无人机打药次数			
D714	一亩田无人机作业费用（元/次）（不包药）			
D715	若不包药，每亩农药费用（元）			
D716	一亩田无人机作业费用（元/次）（包药）			
D717	不使用无人机施药原因（①节约成本；②田块分散；③田块上方有电线等障碍物；④效果没有人工好）			
D718	对该服务的满意度（1＝很不满意；2＝较不满意；3＝一般；4＝比较满意；5＝很满意）			
D719	对该服务未来需求的强烈程度（1＝没有需求；2＝较不强烈；3＝一般；4＝比较强烈；5＝很强烈）			
D720	打药作业方式是什么（自己打药＝1；帮工与换工＝2；雇用机械＝3；雇用机械和人力＝4；雇请专业服务组织＝5）			

D8 收割

编码	题　　项	早稻	中稻	晚稻
D801	是否进行机械收割（1＝是；0＝否）			
D802	使用自家机械的比重（％）			
D803	雇用机械的比重（％）			
D804	机械作业供给方（①村集体；②专业大户；③家庭农场；④合作社；⑤龙头企业；⑥私人；⑦其他____）			

（续）

编码	题　　项	早稻	中稻	晚稻
D805	机械作业模式（①整村联合请收割机整体作业；②个人单独请收割机作业）			
D806	一亩田机械收割费用（元）			
D807	一亩田人工收割时间（天）（注：1 天＝8 工时）			
D808	每百斤稻谷的机动车运输费用（元）			
D809	对该服务的满意度（1＝很不满意；2＝较不满意；3＝一般；4＝比较满意；5＝很满意）			
D810	对该服务未来需求的强烈程度（1＝没有需求；2＝较不强烈；3＝一般；4＝比较强烈；5＝很强烈）			
D811	收割作业方式是什么（自己收割＝1；帮工与换工＝2；雇用机械＝3；雇用机械和人力＝4；雇请专业服务组织＝5）			

D9 水稻生产收益（2021 年水稻收益）

编码	作物	收益（干谷＝湿谷×87％）		
		每亩平均产量（干谷）	销售的水稻总量（斤）	销售的单价（元/斤）（湿谷折算成干谷）
D901	早稻			
D902	中稻			
D903	晚稻			

D10 水稻种植决策者风险偏好、水稻经营目的、农机社会化服务认知

编码	题　　项	选项	回答
D1001	假如有以下三个项目，您会怎么选择？项目 1：稳赚 2 000 元；项目 2：50％的概率赚 1 万元，50％的概率不赚钱，且还会亏损 2 000 元；项目 3：50％的概率赚 2 万元，50％的概率不赚钱，且还会亏损 5 000 元	①选项目 1；②选项目 2；③选项目 3	

（续）

编码	题　项	选项	回答
D1002	您对水稻种植环节雇用机械的风险态度是？	① 偏好；② 中立；③厌恶	
D1003	您家水稻经营的目的是？	① 自给自足；② 大部分自给自足，小部分销售；③ 小部分自给自足，大部分销售；④全部销售	
D1004	您家对水稻种植的农机社会化服务选择？（调查员可自己判断）	① 不选择，自家劳动力或自家机械种植；②部分环节外包；③全程托管	
D1005	当您家选择了水稻种植的全程托管或部分环节外包，你觉得要监督吗？	①需要；②不需要	
D1006	您觉得水稻种植雇用机械服务哪些环节最需要监督？	① 整地；② 播种；③育秧；④栽插；⑤灌溉；⑥施肥；⑦打药；⑧收割	
D1007	您觉得农机社会化服务监督难度大吗？	①大；②一般；③小	
D1008	您觉得寻找水稻种植的农机社会化服务供给者有困难吗？	① 困难；② 一般；③不难	
D1009	您寻找到水稻种植农机社会化服务供给者之前，联系过几次？	① 一 次；② 两 次；③三次及以上	
D1010	您认为农机社会化服务有助于提高粮食单产吗？	①非常不认同；②比较不认同；③ 一 般；④比较认同；⑤非常认同	
D1011	您认为农机社会化服务有助于节约劳动力吗？		
D1012	您认为农机社会化服务有助于节约生产要素投入吗？		

（续）

编码	题　项	选项	回答
D1013	您认为农机社会化服务有助于改善不合理要素投入而改善环境污染吗？	①非常不认同；②比较不认同；③一般；④比较认同；⑤非常认同	
D1014	您认为农机社会化服务可以借助其绿色生产技术改善农业污染吗？		
D1015	您认为农机社会化服务有助于提升农产品质量安全吗？		
D1016	您认为农机社会化服务能保障国家粮食安全吗？		
D1017	您认为农机社会化服务能够解决"无人种地"困境吗？		

问卷填写完毕，请交由调研小组组长评价确认：A. 确认提交；B. 补充调研；C. 问卷作废

调查员签名（正楷）：＿＿＿＿＿＿　手机号码：＿＿＿＿＿＿＿＿

调查日期：　　　年　　月　　日

后 记
POSTSCRIPT

　　本书是在我的博士论文基础上修改而成的，回想四年多来的读博时光，感慨良多，其中有迷茫、焦虑、兴奋、坦然，从学习专业课程、阅读专业文献、学习计量方法、听取学术会议，到撰写论文，一路升级打怪，解决一个又一个难题，读博生涯确实让我成长很多，现在的我更爱思考，更加专注，更加从容淡定，更加充满自信。我的成长离不开老师、领导、同事、家人的关心、支持和帮助。

　　首先，要感谢我的导师陈昭玖教授，感谢陈老师的接纳，让我拥有难忘的读博经历，陈老师的高尚人格、渊博学识、高效决策、善于授权、果断行事等优秀品质深深影响了我，陈老师常说，人生就是在不断解决一个又一个问题，要学会提出问题，解决问题，这样你就能得到成长进步。我现在越来越能体会这句话的深意，其实博士论文的写作，也是提出问题和解决问题的过程，还记得陈老师常说，我们作为学生不仅要学习，还要学会为人处世，不仅要拥有高智商，还要拥有高情商，不仅要学术好能力强，还要善于毛遂自荐。本书的选题和撰写都得到了陈老师的详细指导，感谢陈老师的谆谆教诲和精心指导，我将终身受益。

　　其次，要感谢黄季焜教授，黄老师是非常著名的农经专家，黄老师热爱科研、潜心学术，发表了很多顶刊论文，常被邀请到重要农经学术会议上做报告，我常常拜读黄老师的大作，听取黄老师的报告，受益匪浅，黄老师还非常关心学生，对我博士论文的完善提出了宝贵的修改意见。

　　再次，要感谢翁贞林教授、郭锦墉教授、朱述斌教授、胡凯教授、廖文梅教授、周波教授、张征华教授对我的教导、关心和帮助，感谢江西农业大学经济管理学院领导给我们安排了那么多优秀的老师，让我们身在江农，同样享受到了北大和其他优质高校的师资，感谢我的所有任课教师：刘承芳教授、何勤英教授、伍锋教授、罗仁福教授、李谷成教授、吴伟萍教授、曾小荣教授、刘汉一教授、肖智华老师、曹大宇老师、蔡桂云老师、徐冬梅老师，感谢所有老师的无私付出。

还要感谢我的同事，感谢我们工商管理系大家庭，我们非常和谐，感谢他们承担了更多教学任务，让我有时间和精力读博，感谢工商系所有老师：蔡波、汪兴东、郑瑞强、梁志民、李连英、刘文、唐茂林、陈昕、张雅燕、周晓兰、傅青、刘庚、郑艳。感谢他们的付出和对我一直以来的关心、支持和帮助，同时要感谢院领导熊红华书记、郭军海书记、赵刚副书记的关心，感谢许玫老师、周亮梅老师、易步贵老师、兰仙平老师、高雪萍老师、陈江华老师、吴芝花老师、刘小进老师的帮助。

感谢我的博士同学，他们是何翔、王文锋、廖彩荣、鹿光耀、乔金迪、毛佳，非常怀念曾经一起学习的时光，那些共同讨论问题、参加听课和学术会议、一起吃饭的画面时常浮现在我脑海，感谢曾经一起共同奋斗、互相支持的时光。

感谢我的师姐向红玲的帮助，感谢我的师弟师妹们的大力支持，他们是张梦玲、张天东、孙江琪、许彦君、李莹、夏书华、阮若卉、王欣怡、肖波、吴北河、黄承志、陈晓平、房美洁、周志宽、宫一凡，也感谢对我帮助过的胡雯和谢扩鹏，是他们的支持和帮助，让我有更多时间投入到读博生涯。

感谢我的家人，感谢我的先生在我读博期间承担了很多家庭事务，不仅带娃陪娃，还买菜做饭，给我解除了后顾之忧，让我能够全心投入读博。感谢我的两个女儿，她们给我带来了很多快乐，大女儿可以自己做饭洗衣，还渐渐学会自学初中课程，小女儿非常可爱，常常让我开怀大笑，给我紧张的读博生涯带来一抹亮丽的色彩。感谢我的婆婆，全力支持我读博，给我们买菜洗衣做饭，分担我们很多家务。感谢我的妈妈，经常关心我，为我分解忧愁。家人对我的关心和帮助，让我全力以赴投入学习，他们永远是我最温暖的港湾，是我前行路上的动力源泉。

最后还要感谢自己，感谢自己的努力和坚持，感谢自己在不年轻的年纪毅然决然地选择读博，感谢自己在读博路上克服一个又一个难题，感谢自己遇到困难不逃避不放弃，一路坚持坚定地走下去，我相信，在学术这条路上，只要坚持、投入，找到合适的方法，是一定可以做出一番成绩。

读博期间也深感身兼多职、分身乏术，我既是老师，又是学生，既是妈妈，又是女儿，既是妻子，又是儿媳，这么多身份经常很难兼顾，这几年读博时光，因为大部分时间投入学业，陪孩子的时间少了，感觉对孩子有些亏欠，陪父母时间也不够，以后要多珍惜一起相处的时光。

艾　娟

2024 年 9 月 10 日

图书在版编目（CIP）数据

农机社会化服务对要素配置的影响研究 / 艾娟，陈
昭玖著. -- 北京：中国农业出版社，2024. 11.
ISBN 978-7-109-32685-9

Ⅰ. F325

中国国家版本馆 CIP 数据核字第 2024B1C504 号

农机社会化服务对要素配置的影响研究

NONGJI SHEHUIHUA FUWU DUI YAOSU PEIZHI DE YINGXIANG YANJIU

中国农业出版社出版

地址：北京市朝阳区麦子店街 18 号楼

邮编：100125

责任编辑：姚　佳

版式设计：王　晨　　责任校对：吴丽婷

印刷：北京中兴印刷有限公司

版次：2024 年 11 月第 1 版

印次：2024 年 11 月北京第 1 次印刷

发行：新华书店北京发行所

开本：700mm×1000mm　1/16

印张：11.25

字数：202 千字

定价：88.00 元